Jürgen Höller

DENKEN
— HANDELN —
WOHLSTAND

EINLEITUNG

Schön, dass Du Dich für dieses Buch entschieden hast. Möglicherweise wurde ich Dir weiterempfohlen oder ich bin Dir auf irgendeine andere Art und Weise positiv aufgefallen. Das freut mich!

Um mich besser kennenzulernen, bevor Du Dich auf meine Lebensweisheiten verlässt, möchte ich Dir ein paar Details aus meinem persönlichen Werdegang erzählen.

 Während der Lektüre dieses Buches empfehle ich Dir, einen Stift bereitzuhaben, da ich Dich immer mal wieder zu kleinen Aufgaben auffordern werde.

Nun wünsche ich Dir viel Freude beim Lesen!

Meine erste geschäftliche Investition, die ich zu Beginn meiner Volljährigkeit tätigte, war der Kauf eines kleinen Fitnessclubs – gemeinsam mit meinem Geschäftspartner Harald Freund. Als ich in den Tagen danach meinen Eltern, Freunden und Arbeitskollegen die „frohe Botschaft" meines Fitnessstudiokaufs verkündete, erwartete ich Freude, Zustimmung und Anerkennung – doch genau das Gegenteil war der Fall! Jeder schlug die Hände über dem Kopf zusammen.

Ich wurde immer unsicherer, ob meine Entscheidung richtig war. Mehr und mehr Ängste und Zweifel machten sich in meinen Gedanken breit, denn vielleicht hatten alle anderen ja recht. Hatte ich in meinem jugendlichen Eifer eine folgenschwere Fehlentscheidung getroffen? Trotz meiner Sorgen eröffnete ich in den darauffolgenden zwei Jahren nacheinander drei weitere Geschäfte, sodass ich schließlich Inhaber von vier Unternehmen in vollkommen unterschiedlichen Branchen war. Mein Leitgedanke war schlicht und einfach: „auf einem Bein steht es sich schlecht".

Doch ich hatte gegen ein Lebensgesetz verstoßen, das ich zu diesem Zeitpunkt noch gar nicht kannte: **Das Gesetz der Konzentration!**

Es kam, was kommen musste: Im Alter von 21 Jahren musste ich drei der vier Geschäfte mit großem Verlust abstoßen. So stand ich 1985 mit einem kleinen Fitnessstudio und insgesamt fast einer Million Mark Schulden da. Die erste Lebenskrise war schlagartig eingekehrt.

Gerichtsvollzieher, Existenzängste und Vorwürfe von Freunden und Familienmitgliedern raubten mir jegliche Energie, die ich doch jetzt gebündelt auf ein einziges Geschäft hätte richten können. Ich hatte nicht mal mehr die Kraft, neuen Interessenten voller Begeisterung eine Fitness-Mitgliedschaft zu verkaufen, wenn sie meinen Club betraten. Ich war ausgelaugt und müde.

Die Wende stellte sich bei mir durch ein Buch ein, das ich in einem Schaufenster sah, als ich voller Verzweiflung durch die Stadt irrte. Der Titel war „Sorge Dich nicht – lebe!" und stammte vom Altmeister Dale Carnegie. Ich las es an einem Stück und mir wurde etwas klar, das in diesem Buch überhaupt nicht stand. Ich hatte beim Kauf erwartet, eine exakte Anleitung zu erhalten, doch im Wesentlichen bekam ich „nur" eine Erkenntnis: Nichts ändert sich – außer wir ändern uns.

Also begann ich ab diesem Tag, Schritt für Schritt mein Leben zu verändern. Ich las Bücher dieser Art in Massen, besuchte Seminare und hatte meine erste große Lebenskrise schließlich mit 23 Jahren bewältigt.

Innerhalb von 13 Jahren baute ich nacheinander, teilweise mit Partnern, mehrere erfolgreiche Unternehmen auf: das wohl erfolgreichste Fitness-studio seinerzeit, eines der ersten Sonnenstudios in Deutschland, die welt-weit größte und erfolgreichste Unternehmensberatung für Fitness- und Freizeitanlagen sowie das wahrscheinlich erfolgreichste Seminar-Unter-nehmen im Bereich Soft Skills. Meine Tätigkeit als Motivationstrainer begann ich zunächst parallel zu meiner Unternehmensberatung für die Fitnessclubs. Ich startete mit einem Verkaufstraining mit fünf Teilneh-mern und erreichte gegen Ende der 90er in einem einzigen Jahr 250.000 Menschen.

Meine „höhere" Aufgabe sah ich in der Zeit darin, den vielen Menschen zu helfen, ein erfolgreicheres, glücklicheres Leben führen zu können. Ich war von dieser Aufgabe so beseelt, dass ich bis zu 200 Tage im Jahr täg-lich acht Stunden und länger auf der Bühne stand. Ich hatte ja an meiner eigenen Person erlebt, wie man mittels Wissen alles in seinem Leben ins Positive verändern kann.

Das Geld nahm ich zwar gern entgegen, aber es war nie meine Haupt-motivation, sondern stand an zweiter Stelle. Ich machte es vor allem für die Menschen, die zu mir kamen!

Auf Anraten eines erfolgreichen Aktionärs bereitete ich mit meiner Firma 1999 den Börsengang vor. Wir kauften andere Firmen auf, erhielten Investitionen von außerhalb und nach knapp einem Jahr war die Firma 550 Millionen DM wert.

Aber es fühlte sich nicht mehr richtig an. Es ging nur noch ums Geld und nicht mehr darum, den Menschen zu helfen und „es für sie zu tun". Ich hetzte von einem Meeting zum anderen – mit Investoren, Bankern, Wirtschaftsprüfern, Notaren, Rechtsanwälten – und immer ging es um

Geld, Geld, Geld. Ich vergaß, warum ich meine Tätigkeit begonnen hatte.

Doch dann kam es zum größten Crash, den es an den Aktienmärkten bis dato gegeben hat. Die Kurse bröckelten weltweit – zunächst langsam und schleichend.

Wir „verbrannten" monatlich eine Million DM, das heißt, wir hatten eine Million DM höhere Kosten als Einnahmen. Nach und nach war unsere Firma immer weniger wert.

Und unsere Gläubiger rannten uns immer stärker die Bude ein, damit ihre offenen Rechnungen bezahlt wurden.

Die Presse schoss sich auf mich ein: „Vom Adler zum Pleitegeier". Schließlich ermittelte der Staatsanwalt gegen mich wegen Insolvenzverschleppung, Veruntreuung von Anlegergeldern und Betrug. Alle diese Vorwürfe wurden später fallen gelassen. Aber in dieser Zeit beging ich in Panik einige Fehler, verschwieg meine letzten Notgelder in der Schweiz und wurde unter anderem wegen Steuerhinterziehung und Meineid verhaftet und später zu 3 Jahren Haft verurteilt.

In den ersten acht Wochen meiner Haft durchlebte ich alle negativen emotionalen Phasen, die man in einer Krise haben kann: Zuerst war ich in Trance, dann kamen Wut und Zorn, Selbstmitleid und anschließend Apathie.

Erst ein Brief meiner Frau holte mich aus meinem depressiven Tief heraus. Ich hatte es schon einmal geschafft – wieso also nicht erneut?

Ich sprang mit neuer Energie auf und fasste den Entschluss, nicht aufzugeben, sondern mich der Situation erst recht zu stellen.

Nach anderthalb Jahren Haft wurde ich vorzeitig entlassen – die Einzelheiten will ich Dir an der Stelle ersparen – startete ich entgegen allen Ratschlägen als Motivationstrainer in der Firma meiner Frau.

Ich hatte in der Krise (fast) alles verloren, was man verlieren kann: meine Firma, mein Vermögen, meine Freunde, meinen Ruf, sogar meine Freiheit. Doch ein paar Dinge besaß ich noch, die mir niemand nehmen konnte. Und die wichtigsten drei möchte ich Dir gern vorstellen:

1. **Hoffnung und Glaube**
2. **Wissen und Weisheit**
3. **Fleiß und Ausdauer**

Nur kurze Zeit später stand ich vor 15 Menschen auf der Bühne und startete mit 6,6 Millionen Schulden von vorne.

Nur dreieinhalb Jahre später war ich praktisch wieder schuldenfrei. Heute, 2019, bin ich wieder erfolgreich und finanziell frei, vor allem aber sehr glücklich.

Hier ein paar Auszeichnungen der letzten Jahre:

2016-2019: vier Mal eines der schnellstwachsenden Unternehmen Deutschlands laut Focus

2017: in der „Financial Times" das 495. schnellst wachsende Unternehmen Europas

2017: laut der „Erfolg" der erfolgreichste Trainer im deutschsprachigen Raum

2019: wieder Platz 1 unter „Erfolg"

2017: Top 100 laut Focus

Zum Schluss möchte ich Dir den wichtigsten Satz von Kerstin, meiner Frau, auf Deinem Lebensweg mitgeben, mit dem sich in meiner Krise wieder alles zum Guten gewendet hat:

Einmal schaffst Du es noch!

Ich wünsche Dir, dass Du aus diesem Buch so viel wie möglich mitnimmst. Viel Freude und Erfolg beim Lesen!

ERFOLG

Das Mindset erfolgreicher Menschen

 Viele Menschen verhalten sich oft wie indische Elefanten. Diese Elefanten werden von ihrem Führer mit einem dünnen Strick an einem Pfosten festgebunden. Der Elefant müsste nur einmal kräftig seine mächtige Beinmuskulatur anspannen – der Strick würde zerreißen und er könnte in die Freiheit laufen.

Doch als junger Elefant war er mittels einer schweren Eisenkette angebunden, die ihm sein Führer um seinen Fuß gelegt hatte. Wenn er dann durch Schleudern seines Beines versucht hatte, sich von der Fessel zu befreien, hatte die Kette auf der Haut gescheuert und der Fuß schmerzhaft geblutet.

Aufgrund dieser wahrhaft schlimmen Erfahrung versucht der kleine Dickhäuter nach einiger Zeit nicht mehr, sich zu befreien. Von diesem Zeitpunkt an genügt es, den Elefanten mit Hilfe des dünnen Strickes zu befestigen. Da er früh erfahren hat, dass er sich nicht befreien kann, glaubt er das bis an sein Lebensende.

Was denkst Du, worin der Sinn eines Glaubenssatzes liegt? Ganz einfach: Er leitet unsere Entscheidungsfindung. Alle Entscheidungen, die wir treffen, sind immer darauf angelegt, Schmerzen zu vermeiden oder Freude zu erreichen. Aufgrund unserer Glaubenssätze verkürzen wir den Entscheidungsprozess – wir müssen nicht jedes Mal von vorne beginnen. Menschen, die eine „Verinnerlichung" besitzen, widerstehen jeder Information, die das Gegenteil andeuten könnte. Im Extremfall erleiden sie

lieber unsagbare Schmerzen, Arbeitslosigkeit, Armut, Depression, Ein-
samkeit, Krankheit, sogar den Tod, als ihren Glaubenssatz aufzugeben.

Deine inneren Glaubenssätze

Überprüfe sorgfältig, welche Verinnerlichungen Dich kraftvoll und welche Dich energielos machen. Du kannst Dich immer verändern. An welchem Punkt auch immer Du Dich jetzt in Deinem Leben befindest – es
ist noch Zeit, Deine Träume zu verwirklichen. Fordere in Zukunft mehr
von Deinem Leben, als Du es in der Vergangenheit getan hast. Es ist nie
zu spät für uns, jemand zu sein. Es ist immer Zeit für etwas Neues. Jeder
kann es schaffen!

Du musst lediglich den Glaubenssatz verinnerlichen, dass Du es schaffen
kannst und wirst. Vertraue dem Glaubenssatz, dass Du ein von Gott (oder
vom Universum oder wie auch immer Du diese höhere Macht nennen
magst) verliehenes einzigartiges Potential besitzt, das nur darauf wartet,
von Dir entfaltet und zur Größe entwickelt zu werden.

Und jetzt schreibe den vielleicht wichtigsten Satz Deines Lebens auf!
Was ist der positive Glaubenssatz, der Dich ab sofort begleitet, unterstützt
und zu deinen Zielen vorantreibt?

Du warst schon einmal der Mensch, der Du heute gern wärst

Kannst Du Dich an einen Augenblick in Deinem Leben erinnern, in dem Du Dich absolut glücklich gefühlt hast? Frei und voller Elan? Du hast optimistisch in die Zukunft geblickt und bist vor lauter Energie übergesprudelt. Du warst flexibel und tolerant. Du warst freundlich zu jedem Menschen, zu jedem Tier. Dein Körper war stark und elastisch, entspannt und lebendig.

Du hattest keine Hemmungen, warst frei und offen.
Keine negativen Glaubenssätze haben Dich belastet.
Du warst einfach vollkommene Liebe.
Eins mit Deiner Umwelt und dem Universum.

Du glaubst, diesen Augenblick hat es nie gegeben?
Doch, es gab ihn. Es war Dein normaler Zustand als Baby!
Erst die Gesellschaft hat mit der entsprechenden Programmierung und der (oftmals) unheilvollen Konditionierung für die Glaubenssätze gesorgt, die Du heute besitzt.

Doch diese Glaubenssätze sind rein subjektiv. Bitte merke Dir: Glaubenssätze sind niemals objektiv, obwohl sie für jeden einzelnen stimmen. Was immer Du glaubst, es wird sich erfüllen! Verändere Deine Glaubenssätze und Du veränderst die Umstände Deines Lebens. Wie innen, so außen! Leider haben viele Menschen ständig Ausreden für ihren Misserfolg parat. Doch viele erfolgreiche Menschen hätten weitaus bessere Gründe für ihren Misserfolg gehabt – wenn sie ihn denn gehabt hätten ...

Schlechte Voraussetzungen für Erfolg?

Es gibt keine Ausrede für Misserfolg. Du kannst nicht zu jung oder zu alt, zu schlau oder zu dumm, gebildet oder ungebildet sein, um erfolgreich zu sein.

Jeder Mensch wird als Gewinner geboren!

Hier ein paar Beispiele, von denen Du einige sicherlich kennst:

Demosthenes stotterte – und wurde der größte Redner des griechischen Altertums.

Marilyn Monroe stotterte als Kind ebenfalls – und wurde eine der bekanntesten Schauspielerinnen der Filmgeschichte.

Napoleon wurde an der Militärakademie als Dummkopf angesehen – und wurde einer der größten Feldherren aller Zeiten.

John D. Rockefeller war Bauer – und wurde Begründer der Rockefeller-Dynastie.

Beethoven war in späten Jahren taub – doch die Werke, die in dieser Zeit entstanden sind, gehören zu seinen besten. Er selbst gilt als einer der größten Komponisten in der Geschichte der Menschheit.

Abraham Lincoln war als Geschäftsmann schlichtweg eine Katastrophe – und wurde mit 52 Jahren Präsident der Vereinigten Staaten von Amerika.

Fjodor M. Dostojewski war Epileptiker – und nahm als Schöpfer des psychologischen Romans enormen Einfluss auf die Weltliteratur.

Ray Kroc war 54 – erst dann eröffnete er die erste McDonald's-Filiale.

Bill Gates feierte seinen 20. Geburtstag – zu diesem Zeitpunkt hatte er schon Microsoft gegründet.

Walt Disney ging zweimal Pleite – heute ist die Firma, die er gegründet hat und die seinen Namen trägt, der weltweit erfolgreichste Medienkonzern.

Arnold Schwarzenegger war Sohn eines kleinen Dorfpolizisten und begann als Bodybuilder – heute ist er einer der bekanntesten Persönlichkeiten des Erdballs.

Wilma Rudolph war gelähmt – 1960 wurde sie in Rom dreifache Olympiasiegerin im Sprint.

Du hast es in der Hand!

Wir müssen uns erst wieder darauf zurückbesinnen, dass wir selbst der Schöpfer in unserem Leben sind. Wir müssen unsere negativen Meinungen, Glaubenssätze und Verinnerlichungen auf den Prüfstand stellen und sie schließlich in positive Glaubenssätze umwandeln.

Wie lange willst Du noch mit Deinen negativen Glaubenssätzen weiterleben, ehe Du endlich bereit bist, Dich davon zu lösen – und somit Platz für eine neue Qualität in Deinem Leben schaffst?

> „Wer seine Fehler ständig wiederholt, wird bald perfekt darin sein."
> *Jürgen Höller*

Viele Menschen haben einen negativen Glaubenssatz zum Thema „Erfolg". Vor einiger Zeit wurde eine eineinhalbstündige Sondersendung im Fernsehen ausgestrahlt, in der mehrere Experten über die heimliche Sehnsucht des Menschen nach Erfolg diskutierten. Während der Sendung wurde ein circa zehnminütiger Zusammenschnitt von einem meiner Seminare mit zweitausend Teilnehmern gezeigt. Die restlichen 75 Minuten diskutierten die Experten nicht mehr über das Thema Erfolg, sondern über Jürgen Höller …

Worum geht es mir dabei? Die Talk-Runde war natürlich absichtlich so ausgesucht worden, dass die eine Hälfte „pro" und die andere „kontra" Erfolg eingestellt ist.

Abschlussübung

 **1. Aufgabe**

Wie sehen Deine „Stricke" aus, die Dich gefangen halten beziehungsweise behindern, sodass sich Dein wahres Potential nicht entfalten und zur wahren Größe ausweiten kann?

 **2. Aufgabe**

Schreibe den Satz auf, von dem Du glaubst, dass er der wichtigste in Deinem Leben ist. Der Satz, der Dich zu Größe und zum Erfolg führt, der Dich zu einem absoluten Gewinner macht, zu einem Menschen, der „Reichtum" und „Wohlstand" in seinem Leben verwirklicht.

Meine positivste Verinnerlichung:

_____

_____

_____

_____

_____

_____

_____

_____

_____

_____

Du bist die Summe Deines Umfelds

„Sage mir, mit wem Du gehst – und ich sage Dir, wer Du bist! Weiß ich, womit Du Dich beschäftigst – so weiß ich, was aus Dir werden kann!"
Johann Wolfgang von Goethe

Als Kind hörten wir so etwas von unseren Eltern nicht unbedingt gerne – aber das Zitat drückt treffend aus, was es für uns bedeuten kann.

Der Harvardprofessor David McClelland, der sich mit diesen Themen wissenschaftlich beschäftigt hat, traf die Aussage: „80 % unseres Erfolges hängt ab vom Umgang, den wir pflegen!"

Ich wiederhole es noch einmal, um die Bedeutung hervorzuheben: 80 % unseres gesamten Daseins, unseres Erfolges, unserer Ergebnisse werden durch den Umgang bestimmt, den wir pflegen.

Gutes Umfeld – Schlechtes Umfeld

Hier ein paar Beispiele, wie andere Menschen uns herunterziehen:

Ein Raucher sagt zu einem seit acht Wochen gewandelten Nichtraucher:
„Ach komm, jetzt rauch halt eine mit, sei kein Spielverderber, von einer Zigarette wirst du schon nicht rückfällig."

Ein Trinker zu einem, der keinen Alkohol trinken möchte: „Du bist ja eine richtige Spaßbremse. Du kannst wohl nie locker sein, was? Komm, trink noch einen mit!"

Ein Übergewichtiger zu jemandem, der abnehmen möchte: „Möchtest du auch gerne ein Eis? Warum denn nicht? Das eine Eis macht doch nichts. Ach komm, hab dich nicht so."

Ein Armer zu seinem Kumpel: „Geld ist doch nicht alles. Schau dir doch die reichen Fatzkes an, protzen mit ihren Häusern, Autos und Rolex-Uhren – sind aber nicht glücklich. Dann lieber arm und gesund als reich und krank!"

Ein Arbeitskollege zu einem anderen: „Du bist schön blöd, dass du Überstunden schiebst. Der Chef freut sich, dass er sich noch einen dickeren Mercedes kaufen kann. Das bekommt man doch nicht gedankt."

Nachdem Arnold Schwarzenegger zum ersten Mal ein Wochenende auf dem Kennedy-Stammsitz „Hyannis Port" verbringen durfte, wurde er schon am Flughafen von Los Angeles mit den Fragen der Reporter bombardiert: „Hey Arni, wie war es denn bei den Kennedys? Wie hat es Dir gefallen?"

Arnold Schwarzenegger antwortete ihnen: „Oh, es war great! Denn wisst ihr, es ist ja ganz einfach: Wenn man sich den ganzen Tag mit Schwachköpfen umgibt, wird man eines Tages automatisch selber zu einem Schwachkopf. Wenn man sich dagegen mit erfolgreichen Menschen beschäftigt, kann man es nicht verhindern, automatisch selber erfolgreicher zu sein. Und darum verbringe ich gerne Zeit mit so erfolgreichen Menschen wie die Kennedys. Ich kann noch eine Menge von ihnen lernen und dadurch wachsen!"

Als Arnold 1968 in die USA auswanderte, bildete er dort eine verschworene Gemeinschaft mit anderen Bodybuilding-Buddies, darunter Franco Colombo, sein alter Kumpel aus Münchener Tagen, sowie Ken Waller, Dave Draper und andere.

Sie alle trainierten gemeinsam im Gold's Gym, gingen zusammen an den Strand und heckten so manche Blödelei aus. Wenn die Clique im Studio trainierte, stellten sie sich nebeneinander vor den Spiegel – und präsentierten ihre frisch aufgepumpten Muskeln. Am Strand wollte jeder mehr auffallen als der andere und in ihrer Freizeit hatte jeder die Absicht, einen noch größeren Streich auszuhecken.

Das alles kann man als „Albernheit", als „Männlichkeitswahn" oder „Angeberei" abtun. Man kann aber auch darüber nachdenken, dass sich dadurch jeder angespornt sah, mehr Gas zu geben, besser zu werden, mit den Fortschritten der anderen mitzuhalten. Letztendlich feuerten sie sich gegenseitig an, gaben sich ein Vorbild – und förderten dadurch ihre eigene Motivation und Entwicklung.

Der erstaunliche Austausch mit Deinem Umfeld

Wissenschaftler kamen zu dem Ergebnis, dass zwei Menschen, die länger als eine Stunde in unmittelbarer Nähe verbringen, 10 % ihrer Elektronen austauschen.

Faszinierend, oder? Denn das würde bedeuten, dass sie 10 % vom jeweils anderen in sich tragen. Nur mal angenommen, diese Elektronen beinhalten Informationen – dann haben wir auch 10 % der Gedanken-Informationen des anderen in uns. Wer also länger als eine Stunde mit einem negativen, destruktiven Menschen zusammen ist, hat automatisch 10 % von den negativen, destruktiven Elektronen übernommen. Könnte das erklären, warum wir Menschen, laut den Forschungsergebnissen von Professor McClelland, zu 80 % das Produkt unseres Umganges sind?

Darauf aufbauend ein paar interessante Fragen:

 **Schreibe Dir auf:**

Mit welchen fünf Menschen verbringst Du aktuell am meisten Zeit?

Was sind das für Menschen, welche Einstellungen haben sie, wie denken sie, in welchem Zustand befinden sie sich?

Mit welchen Menschen, die positiver, erfolgreicher und glücklicher sind, könntest Du in Zukunft mehr Zeit verbringen?

Ein kurzer Witz mit sehr viel Wahrheit

An einem trüben Herbstabend fährt ein Mann von der Arbeit mit seinem Auto nach Hause. Auf einer Brücke sieht er ein anderes Auto stehen und unmittelbar daneben einen Mann, der über das Brückengeländer geklettert ist und sich gerade noch mit zwei Händen daran festhält. Dem Mann ist sofort klar, dass es sich um einen Selbstmörder handelt. Er parkt sein Auto 100 Meter weiter, steigt aus und geht langsam auf ihn zu. Als der andere ihn bemerkt, schreit er ihn an, dass er keinesfalls näherkommen darf, er würde sich sonst sofort von der Brücke zu Tode stürzen. Der Mann stoppt und redet mit dem Selbstmord-Kandidaten.

Zwei Stunden später reden sie immer noch miteinander – und springen schließlich beide von der Brücke ...

Ich hoffe, Du kannst mit meinem „schwarzen" Humor etwas anfangen. Dennoch steckt in diesem Witz ein wahrer Kern: Wir Menschen werden von anderen Menschen beeinflusst. Und es ist immer leichter, einen Menschen herunterzuziehen, als ihn nach oben zu bringen.

Andere Menschen beeinflussen uns – und wir beeinflussen die anderen. Das ganze Leben ist ein Prozess und ein Wechselspiel der gegenseitigen Beeinflussung. Die Frage ist also nicht, „ob" wir von anderen beeinflusst werden, die Frage lautet: „Wie?"

Schauen wir uns das Thema „Vorbilder" an: Macht es Sinn, ein Vorbild zu haben? Ich persönlich hatte nie ein Vorbild – ich hatte immer mehrere und ganz verschiedene Menschen, die mich inspiriert haben. Das waren beispielsweise:

Muhammad Ali: für seine Stärke, für seinen Willen, für seine Fähigkeiten und dafür, dass er zu seinen Überzeugungen stand!

Arnold Schwarzenegger: für seinen Willen, für sein Vorstellungsvermögen, für seine Disziplin und für seine Ausdauer.

Nelson Mandela: für seine Visionen, für seine Leidensfähigkeit, für seine Liebenswürdigkeit und für seine Fähigkeit zu vergeben und zu verzeihen.

Jesus: für seine Liebe!

Steve Jobs: weil er immer verrückt und hungrig blieb!

Ich könnte noch weiter ausholen, aber ich denke, Du hast den Sinn verstanden.

Wenn wir einen einzigen Menschen als Vorbild haben, besteht die Gefahr, dass wir ihn kopieren, weil wir diesen Menschen so stark bewundern und zu ihm aufschauen. Wir wollen unbewusst so sehr sein wie er/sie, dass wir genauso aussehen, genauso reden, uns genauso verhalten und irgendwann genauso denken.

Dann gehen wir das große Risiko ein, zu einem Abziehbild zu werden, eben zu einer Kopie – ohne eigenständige Ausstrahlung, ohne eigenes Charisma.

 **Abschlussübung**

Welche fünf Menschen hatten in Deinem Leben den größten Einfluss auf Dich?

Welche Einstellungen, welche Denkweisen, welche Glaubenssätze und Werte hatten diese fünf Menschen?

Welches Leben haben diese Menschen geführt, welche Ergebnisse haben sie erzielt, wo stehen sie heute (oder wo standen sie am Schluss)?

Welche Erkenntnisse gewinnst Du aus den ersten drei Übungen?

Schreibe Dir jetzt drei bis fünf Menschen auf, die Du Dir für die Zukunft ganz bewusst als Vorbild nehmen möchtest:

Welche Eigenschaften möchtest Du von diesen fünf Personen übernehmen, modellieren, Dir zu eigen machen?

Welche erfolgreichen, bedeutenden Persönlichkeiten möchtest Du in den nächsten zwei bis fünf Jahren kennenlernen?

Gute, persönliche Organisation als Erfolgsgrundlage

Kennst Du den nach Studien und wissenschaftlichen Erkenntnissen erfassten Hauptgrund, warum die meisten Neugründungen von Unternehmen scheitern?

Es ist nicht der mangelnde Umsatz. Es ist nicht das fehlende Geld. Es sind nicht die fehlenden Ideen. Die meisten neuen Unternehmen scheitern schlicht und einfach an einer mangelhaften oder gar fehlerhaften Organisation!

Einer meiner Coaches, sagte einmal zu mir:

„Kleinste Fehler in den Anfängen bringen größte Auswirkungen später mit sich!"

Und ich weiß, wovon ich spreche ...

Als ich mich mit 19 Jahren durch den Kauf eines Fitnessstudios selbstständig gemacht habe, war ich voller Enthusiasmus. Ich war bereit, täglich 16 Stunden zu arbeiten, hatte gute Ideen und brennenden Ehrgeiz.
Denn ich machte mein Hobby zum Beruf. Ich liebte mein Fitnessstudio
und im Überschwang der Gefühle eröffnete ich in den nächsten zwei
Jahren drei weitere Geschäfte.

Für alle vier Firmen hatte ich blendende Ideen und sie liefen in den ersten Monaten auch hervorragend an. Aber nach einiger Zeit sah ich mich
in allen Unternehmen mit Problemen konfrontiert. So große Probleme,
dass mich die Banken zwangen, drei der vier Geschäfte abzugeben – und
so stand ich schließlich mit einem Fitnessstudio und einer Million Mark
Schulden da. Die Erträge des Fitnessstudios konnten nicht mal die Zinsen meiner Schulden decken, die damals noch bei 8,5 % lagen.

Die Wende

Ich begann ab 1985, regelmäßig Bücher zu lesen und erste Seminare zu
besuchen. Zwei Jahre später war ich dann bei einem Seminar, das mein
Leben verändert hat: „Markt- und Unternehmerstrategie" bei P. A.
Müller.

Er war einer der besten Trainer, die ich jemals kennengelernt habe. Dieses 4-Tage-Seminar kostete damals 4.950 DM plus Übernachtung und
Mehrwertsteuer. Ein für mich gewaltiger Betrag, denn ich hatte zwar
einige Probleme gelöst und Umsätze und Erträge deutlich gesteigert,
aber ich besaß noch immer Restschulden. Doch ich wollte dieses Semi-

nar unbedingt besuchen – und es war eine der besten Entscheidungen meines Lebens!

Damals hörte ich etwas von Struktur, Eigenorganisation, Zeitmanagement und so weiter. Ich begann sogar, ein sogenanntes „Time/System" zu führen, das heute noch auf meinem Schreibtisch liegt. Vor dem Seminar führte ich nicht mal einen richtigen Terminplaner, ich war absolut chaotisch. Ich vergaß Termine, ich gab meine Umsatzsteuervoranmeldungen zu spät ab (was dann wieder zu Mahn- und Verspätungszuschlägen führte), ich reagierte ausschließlich auf aktuelle Probleme, ich hatte keinerlei Zukunfts- und Zielplanung ...

Ich möchte Dir gern meinen Werkzeugkasten für die Selbstorganisation vorstellen.

1. Schriftlichkeit

Ich habe im Verlauf meiner fast 35-jährigen Selbstständigkeit gelernt, dass es absolut notwendig ist, alles schriftlich zu machen. Mein geschätzter Kollege Brian Tracy aus den USA sagt dazu: „Alle erfolgreichen Menschen denken auf Papier. Alle erfolglosen Menschen denken ohne Papier. Und darum, wenn Du erfolgreich werden willst: Denke auf Papier!"

Er meint damit, dass man alles schriftlich festhalten sollte: Ideen, Handlungsabsichten, Termine, Projektplanungen und so weiter.

Jedes Gesprächsergebnis wird schriftlich von mir festgehalten. Jedes Projekt, das ich plane, konzipiere ich zuerst auf Papier. Jede Werbekampagne wird zunächst auf Papier strukturiert. Während ich dieses Buch schreibe, investiere ich erst mal Zeit, es zu gliedern und zu Papier zu bringen – es ist relativ leicht und nur noch eine Art Abarbeiten, es anschließend zu diktieren (ich diktiere immer und lasse meine Werke dann schreiben).

2. Organisation

Organisation stammt ursprünglich aus dem Griechischen – vom Wort „Organon". Es bedeutet schlicht und einfach „Werkzeug".

Ein zweites Werkzeug, das ich Dir an die Hand geben möchte:

Das Drei-Kästchen-System

1. Kästchen: Eingangskästchen!

 Bei uns im Büro gibt es einen zentralen Platz, wo jeder Mitarbeiter ein Eingangskästchen besitzt, ich ebenfalls. Dort wird alles hineingeworfen, das für mich bestimmt ist. Meine erste Amtshandlung, wenn ich ins Büro komme: Ich hole mir diesen Packen und bringe ihn zu meinem Schreibtisch, wo ich ihn in das obere der drei Kästchen lege – mein „Eingangskästchen". Wenn ich mit der Arbeit beginne, nehme ich den ersten Vorgang heraus. Und an der Stelle gibt es einen eisernen Grundsatz: Was einmal aus dem Kästchen herausgenommen wurde, darf nie wieder dorthin zurück.

Als nächstes schaue ich mir den Vorgang genau an und beurteile, ob ich ihn in kurzer Zeit bearbeiten kann.

- Falls ja, erledige ich den Vorgang.

- Falls nein, entscheide ich, ob dieser Vorgang wichtig oder weniger wichtig ist und somit warten kann.

Nachdem ich mein Eingangskästchen durchgearbeitet habe, gibt es also zwei Aufteilungen: wichtig und weniger wichtig. Die weniger wichtigen Vorgänge wandern ins Kästchen Nr. 2: „zu bearbeiten".

2. Kästchen: „Noch zu bearbeiten"

Den Stoß „wichtig" ordne ich nach einer Rangfolge, sodass der wichtigste Vorgang obenauf liegt, den ich dann logischerweise als erstes bearbeite.

Es gibt aber noch eine Besonderheit: Bevor ich meinen Arbeitsplatz am Vorabend verlasse, lege ich bereits alle Aufgaben, die „besonders wichtig" für den nächsten Tag sind, zu dem Stoß „wichtig", der am Tag darauf bearbeitet wird.

Nun kann es passieren, dass ich die unwichtigen Dinge länger liegen lasse. Daher schaue ich mindestens einmal die Woche den Bereich „zu erledigen" durch – in der Regel ist es dann so, dass ...

a) sich einige Dinge mittlerweile automatisch erledigt haben.

b) einige Dinge überflüssig geworden sind, ich sie also eliminieren kann.

c) ich die Entscheidung treffe, einige Dinge zu delegieren, weil ich sie selbst nicht schaffe.

Um es nochmal klar und deutlich zu sagen: Für Deinen weiteren Erfolg ist es absolut unverzichtbar, dass Du täglich mit den ausschließlich wichtigsten Dingen beginnst!

Es ist also besser, jeden Tag nur eine wichtige Aufgabe zu erledigen, als fünfzig unwichtige geschafft zu haben!

3. Kästchen: Ausgangskästchen

 Jeder Vorgang, den ich erledigt habe und den ich irgendwohin verteilen muss (an andere Mitarbeiter, den Postausgang, die Ablage, die Wiedervorlage etc.), kommt ins Ausgangskästchen und wird zweimal am Tag (vor der Mittagspause und am Ende des Arbeitstages) verteilt.

Das Wiedervorlage-System (das wichtigste System überhaupt!)

Du benötigst unbedingt ein Wiedervorlage-System. Wenn ich irgendeinen Auftrag an einen Mitarbeiter gegeben habe, nehme ich ihn mir auf Wiedervorlage, um später kontrollieren zu können, ob der Vorgang auch erledigt wurde. Ist er erledigt, werfe ich die Erinnerungshilfe weg beziehungsweise lege den Vorgang in die Ablage. Ist er nicht erledigt, frage ich den Mitarbeiter in einem Gespräch nach den Gründen.

Auf diese Weise lernen meine Mitarbeiter, dass es mir auffällt, wenn sie meine Aufträge nicht erledigen.

Ich persönlich arbeite mit zwei Wiedervorlage-Systemen:

1. Wiedervorlage-Ordner:
Einer meiner Mitarbeiter ist für den Wiedervorlage-Ordner verantwortlich. Ich nehme dann alle Unterlagen dieses Geschäftsvorfalls in eine Folie, lege einen kleinen Zettel hinein, auf dem „WV" und das Datum stehen, an dem es mir wieder vorgelegt werden sollte. Dabei kann es sich

um Ideen, Erinnerungen etc. handeln.

2. MAPPEI-System:

Außerdem habe ich vor vielen Jahren begonnen, mit dem sogenannten „MAPPEI-SYSTEM" zu arbeiten. Das sind ein paar Plastik-Kästen mit verschiedenen Ordnern:

a) Januar bis Dezember
b) 1. bis 31.

Ich arbeite mit Klarsicht-Ordnungsmappen, die ich mit einem weg-wischbaren Schreiber in verschiedenen Farben beschrifte. Rot steht für aktuelle Geschäftsvorfälle, Gelb für Besprechungen, Grün für Personen, mit denen ich etwas abzuklären habe, und Blau für längere Projekte (z. B. Motivationstag in zwei Jahren).

In diese Ordnungsmappen lege ich alle dafür notwendigen Unterlagen und reihe sie entweder in die nächsten 31 Tage oder in einen der nächs-ten Monate ein.

Der Vorteil dieses Systems: Ich habe auf meinem Schreibtisch jederzeit alle wichtigen und relevanten Vorgänge griffbereit. Ich muss keine Ord-ner- oder Aktenablagen durchwühlen, um wichtige Projekte sofort zu finden. Nehmen wir an, es kommt ein Anruf eines Mitarbeiters herein, dass er den Auftrag „xy" zu erledigen und dazu noch Fragen hat oder mir etwas sagen möchte. Ich muss nur einen Blick auf meine drei Kartei-kästen werfen, die auf dem Schreibtisch stehen – und sehe innerhalb von fünf Sekunden, wo sich die entsprechende Mappe befindet. Ich ziehe sie heraus und habe alle relevanten Unterlagen parat, kann etwas vervoll-ständigen oder neu hineinlegen – nun reihe ich diese Ordnungsmappe zum gewünschten Termin wieder ein. Ist der Vorgang erledigt, wandern die Unterlagen in die Endablage und die Mappe wird für den nächsten Vorgang neu beschriftet.

Auf www.mappei.de findest Du weitere Infos zu diesem System.

3. Weitere Ordnungs-Kästen:

Hinter meinem Schreibtisch steht ein Sideboard, in dem ich eine Reihe weiterer Ordnungskästen aufbewahre. Darin befinden sich z. B. Formulare (Reisespesenabrechnung, Prospekthüllen, Briefpapier, Briefumschläge etc.).

Auf diese Weise habe ich alles mit einem Griff zur Hand.

4. Aktenordner:

Der Rest wandert in Aktenordner. Ich habe für alle relevanten Bereiche, auch privat, eigene Ordner angelegt: Privat-Ordner Kerstin, Privat-Ordner Kinder, Privat-Ordner Jürgen, Versicherungsordner, Belege für die Einkommenssteuererklärung, BWAs, Bilanzen, Notar-Urkunden, Verträge, Prospektmaterial, Kapitalanlagen, Lebensversicherungen, Rechtsanwalt, Kochrezepte, Urlaubsprospekte, Hausunterlagen, Gebrauchsanleitungen, Garantiebelege und so weiter.

Bei vielen heißt es bei der Selbstorganisation nach wie vor: ein Griff und die Sucherei geht los. Bei mir heißt es hingegen: ein Griff und ich habe, was ich gerade brauche.

Wenn jemand etwas von mir benötigt oder ich etwas suche – aufgrund meines klaren Selbstorganisationssystems ist es ein Leichtes, mich jederzeit zurechtzufinden.

Das GAD-System

Zu Beginn meiner Forschung über die Ursachen des Erfolgs habe ich mir immer wieder folgende Fragen gestellt: Was ist die Hauptursache für Erfolg? Wo ist der Punkt, an dem der Hebel angesetzt werden muss? Mit dieser Frage konfrontierte ich viele Menschen aus verschiedensten Bereichen und mit unterschiedlichem sozialen Niveau. Hier die Antworten, die ich meistens erhielt:

1. Begabung
2. Fachwissen
3. Fleiß
4. Durchhaltevermögen

Ich prüfte die Antworten gewissenhaft, um zu erkennen, welche letztendlich die wirkliche Erklärung für Erfolg darstellt. Die Untersuchungsergebnisse fielen recht unterschiedlich aus:

• 1. Begabung:
Wie oft man doch von einem verkannten Genie spricht. Nicht selten zieht der eher Untalentierte am Talentierten vorbei.

• 2. Fachwissen:
Der viel zitierte „Fachidiot" ist selten erfolgreich. Meistens haben Menschen mit weniger Fachwissen mehr Erfolg.

• 3. Fleiß:
Ich habe Menschen in meinen Seminaren kennengelernt, die dreißig Jahre lang überaus fleißig waren, um dann mit 58 Jahren feststellen zu müssen, dass sie wohl nicht in der Lage sein werden, ihren wohlver-

dienten Ruhestand so zu genießen, wie sie ihn sich gewünscht hatten. Meist handelte es sich um Menschen, deren verfügbare materielle Mittel – wenn sie denn welche hatten – und deren zu erwartende Rente sehr gering waren.

• 4. Durchhaltevermögen:
Millionen von Menschen halten Jahr für Jahr an einer Arbeit fest, die sie nicht sonderlich mögen oder geradezu hassen, ohne übermäßig erfolgreich zu sein.

Natürlich sind die aufgeführten vier Bereiche wichtig, um ein erfolgreiches und erfülltes Leben zu führen. Doch in keinem finden wir die Hauptursache für Glück und Erfolg.

Das Ergebnis meiner Forschungstätigkeit lässt sich in zwei Punkten zusammenfassen. Die Hauptursachen für Erfolg sind:

• Ein klares Ziel haben!
• An das Ziel glauben!

Des Weiteren habe ich herausgefunden, dass nur circa vier Prozent aller Menschen klare Ziele und nur ein Prozent ihre Ziele jemals schriftlich fixiert haben. Wundert es Dich, dass dieses eine Prozent etwa fünfzig Prozent des gesamten Einkommens erzielt?

Zu allen Zeiten hat die Entwicklung der Menschheit an Geschwindigkeit zugenommen. Während sich das Wissen der Menschheit um das Jahr 1750 circa alle fünfzig Jahre verdoppelt hat (der deutsche Philosoph und Universalgelehrte Gottfried Wilhelm Leibniz gilt als der letzte Mensch, der das gesamte enzyklopädische Wissen der damaligen Zeit aus seinem

Gedächtnis abrufen konnte), verdoppelt sich das Wissen heute alle zwei
bis drei Jahre. Niemand hätte für möglich gehalten, was heute alles möglich ist. Selbst hochangesehene Persönlichkeiten haben die fantastischen
Möglichkeiten oft unterschätzt:

> „Ich glaube, der Markt wird weltweit fünf Computer benötigen."
> *Thomas Watson, Vorsitzender von IBM, 1943*

> „Es gibt keinen Grund, warum irgendeiner einen Computer zu Hause
> haben möchte."
> *Ken Olson, Vorsitzender und Gründer von Digital Equipment, 1977*

> „640 K sollten für jeden genug sein."
> *Bill Gates, 1981*

> „Wir mögen diese Art von Musik nicht, und Gitarrenmusik ist nicht
> mehr interessant."
> *Decca Recording lehnte 1962 die Beatles ab.*

> „'Die Möwe Jonathan' wird als Taschenbuch niemals erfolgreich."
> *James Galton, Besitzer des Mac Millan Verlages, der ein Angebot ablehnte,*
> *für die Rechte der Veröffentlichung des Buches von Richard Bach als Taschen-*
> *buchausgabe mitzubieten. Zehn Jahre später waren über sieben Millionen*
> *Exemplare als Taschenbuch verkauft.*

Es ist schon unglaublich, was sich in den letzten Jahren alles getan hat.
Welcher Schamane hätte sich wohl seinerzeit träumen lassen, dass eine
Zeit kommen würde, in der „ganz normale" Leute aus einer Höhe von
dreitausend Metern in den Abgrund springen, und zwar allein aus sport-
lichem Vergnügen?

Konnten sich Eingeborene in Neuguinea, die damals von fünfzehn Meter hohen Türmen sprangen und dabei nur von Rankenpflanzen gehalten wurden, vorstellen, dass heute Männer und Frauen von Kränen und aus Heißluftballons zig Meter tief fallen, nur gehalten von Gummibändern, und noch dafür bezahlen?

Indischen Fakiren und afrikanischen Stammeskriegern wäre wohl nur ein verständnisloses Lächeln zu entlocken gewesen, wenn man ihnen erzählt hätte, dass Menschen während eines Wochenendseminars über glühende Kohlen laufen, barfuß in Scherben springen oder sich daumendicke Stahlstäbe an den schwächsten Punkt ihres Halses setzen und auf Kommando so stark zudrücken, dass sich der Stahl bis zu einem „U" verbiegt.

Wir müssen uns nur die Entwicklung der Medizin vor Augen führen, um mit Ehrfurcht die Möglichkeiten des menschlichen Geistes zu erfassen:

1912 fand Emil von Vehring einen Impfstoff gegen Diphtherie und Tetanus.

1928 entdeckte Alexander Fleming das Penicillin.

1929 entwickelte Hans Berger das erste EEG (Elektroenzephalogramm).

1951 entwickelte André Thomas die Herz-Lungen-Maschine.

1967 glückte Christiaan Barnard in Südafrika die erste Herztransplantation.

1982 implantierte Dr. William De Vries das erste künstliche Herz.

1983 setzte sich die Lasertechnik bei Augenoperationen und bei der Entfernung von Rückenmark- und Hirntumoren durch.

1997 kam Viagra auf den Markt.

Wer jetzt auf die Idee kommt, die Entwicklung der Menschheit würde langsamer vonstattengehen, irrt sich gewaltig: Nahezu neunzig Prozent aller Denker, Entwickler, Erfinder, Forscher, Tüftler und Wissenschaftler, die jemals auf der Erde lebten und arbeiteten, leben und arbeiten heute noch. Welche unglaublichen Erfindungen und Weiterentwicklungen erwarten uns in den nächsten Jahren?

Wir leben in einer großartigen Epoche. Noch nie war es einfacher, in kürzester Zeit erfolgreich zu sein. Achtzig Prozent aller jemals existierenden Milliardäre sind in den letzten zwanzig Jahren zu dem geworden, was sie heute sind. Niemals zuvor hatten Menschen (in der Gesamtheit) mehr Geld zur Verfügung, eine bessere Schulausbildung erhalten, kürzere Arbeitszeiten genossen und niemals zuvor war weniger körperlicher Einsatz erforderlich. Die Frage ist also nicht, ob die Zeit uns Chancen lässt, sondern ob wir die Chancen der Zeit nutzen.

Vielleicht wendest Du jetzt ein, dass unsere Zeit nicht nur Gutes mit sich bringt, sondern auch so manches Negative. Insbesondere die Arbeitslosigkeit, die unter anderem durch den Fortschritt bedingt ist, wird hier ins Feld geführt.

Johannes Gutenbergs Erfindung des Buchdrucks machte Tausende von Schreibern arbeitslos.

Henry Fords T-Modell machte Tausende von Hufschmieden arbeitslos.

Der Computer machte Tausende von Bürokräften arbeitslos.

Die Industrialisierung vernichtete Tausende von Arbeitsplätzen in der Landwirtschaft.

Jede technische Neuerung, die Arbeit erleichtert, sorgt kurzfristig für Probleme. Doch der Druck, der aufgebaut wird, ist nicht nur negativ, sondern zwingt die Menschen zu Veränderungen. Schafft der Fortschritt nicht letztendlich auch Arbeitsplätze?

Wir Menschen müssen lernen, uns den Märkten und Möglichkeiten der Zukunft hinzuwenden. Jeder Mensch hat in unserer heutigen Zeit die Chance, all das zu tun, worauf er Lust hat. Jeder hat die Möglichkeit, eine Ausbildung zu beginnen, eine Tätigkeit zu übernehmen, Angestellter oder Selbstständiger zu sein und so weiter. Ja, glaub mir, es ist eine einzigartige, herrliche, fantastische, wunderbare Welt!

Der 14-Tage-Plan zum Erreichen Deiner Ziele

Dieser 14-Tage-Plan ist eine echte Herausforderung für all diejenigen, die daran glauben, in ihrem Leben etwas zu erreichen.

Hast Du in der Vergangenheit darüber nachgedacht, etwas zu haben – sei es ein wunderbares Auto, eine bessere Stelle, ein höheres Einkommen –, bist dann aber nie zielgerichtet vorgegangen, um dieses Vorhaben auch umzusetzen?

Der Grund ist, dass die meisten Menschen immer nur träumen. In ihren Gedanken hätten sie gerne etwas, wären sie gerne etwas, würden sie gerne irgendetwas tun. Aber sie schaffen es nicht, einen Aktionsplan zu machen und ihn konsequent umzusetzen.

Deshalb habe ich diesen 14-Tage-Plan erstellt, der Dich in die Lage versetzen wird, genau zu wissen, was Du in jedem Bereich Deines Lebens willst. Auf dieser Grundlage kannst Du Dir dann einen Plan erstellen, wie Du diese Ziele auch erreichst.

Setze in diesen 14 Tagen jeden Tag ein Häkchen, wenn Du die Tagesaufgabe erfüllt hast. So gibst Du Deinem Unterbewusstsein die Bestätigung, dass Du die notwendige Arbeit und die nötigen Maßnahmen an diesem Tag erledigt hast. Und wenn Du 14 Mal Dein Häkchen platziert hast, hast Du den 14-Tage-Zielerreichungsplan erfolgreich umgesetzt. Jetzt musst Du nur noch dabei bleiben – ausdauernd und diszipliniert –, um all Deine Ziele erreichen zu können.

Ich wünsche Dir alle Kraft, um Deine Träume auch wirklich leben zu können!

 1. Tag:

Was gefällt Dir nicht in Deinem Leben? Was würdest Du gerne ändern?

Die Übung mag Dir im ersten Moment ein wenig merkwürdig erscheinen, denn Du willst doch Ziele finden, Ziele setzen und Ziele erreichen. Und jetzt bitte ich Dich darum, am ersten Tag lediglich aufzuschreiben, was Du nicht mehr willst und was Dir nicht gefällt? Ja, genau! Denn oftmals ist es so, dass wir durch diese negativen Punkte genau das positive Gegenteil erkennen und so unsere Ziele finden.

Ein Beispiel:
- Ich möchte nicht mehr pleite sein.
- Positiv formuliert: Ich möchte wohlhabend sein.

Oder:
- Ich möchte nicht mehr arbeitslos sein.

- Positiv formuliert: Ich möchte in einem Job arbeiten, der mir Erfolg und Erfüllung bringt.

Hast Du die Aufgabe verstanden? Definiere alle Bereiche Deines Lebens, ob nun Einkommen, Wohlstand, Partnerschaft, Familie, Freundschaften, Körpergewicht, Aussehen, Attraktivität, Hobbys, Umstände des Lebens und so weiter, die Dir nicht mehr gefallen, die Du gerne verändern möchtest.

Nimm Dir Papier und gehe in zwei Schritten vor:

1. Schritt: Schreibe Dir alles auf, was Dir nicht mehr gefällt, was Du verändern willst.

2. Schritt: Nun formulierst Du jeden einzelnen Punkt in genau das positive Gegenteil.

2. Tag:

Was gefällt Dir? Was ist Dir wichtig im Leben? Was magst Du? Was hättest Du gerne? Was würdest Du gerne sein, tun oder haben?

Heute geht es darum, dass Du Deiner Fantasie freien Lauf lässt. Überlege Dir in einem Brainstorming, aber auch über den ganzen Tag verteilt immer wieder, was Du gerne besitzen

würdest, was Du gerne wärst, was Du gerne erreichen würdest, was Du gerne tun würdest. Dabei ist alles erlaubt. Alles, was Dir hochkommt, was Dir einfällt, schreibst Du auf eine extra Liste. Das ist Deine Aufgabe für den zweiten Tag: Schreibe alles auf, was Dir innerhalb von 24 Stunden einfällt.

3. Tag:
10-Ziele-Liste!

Stelle Dir vor, ein Märchenprinz steht vor Dir und Du könntest Dir alles wünschen, was Du gerne möchtest. Du musst Dir also nur vorstellen, wie Dein perfektes Leben in Zukunft in jedem einzelnen Bereich aussehen würde, und es dann Deinem Zauberprinzen mitteilen, der all das verwirklichen kann. Es gibt nun einige Schlüsselbereiche Deines Lebens, in denen es sehr wichtig ist, Dir genau Gedanken zu machen, was Du wirklich willst:

1. Einkommen: Wie viel willst Du in einem Jahr verdienen, in zwei Jahren, in drei Jahren, in fünf Jahren, in zehn Jahren, in zwanzig Jahren? Nimm ein Blatt Papier und schreibe es Dir exakt auf.

2. Vermögen: Welches Vermögen willst Du in drei Jahren besitzen, in fünf Jahren, in zehn Jahren, in zwanzig Jahren, möglicherweise in dreißig oder vierzig Jahren? Nimm wieder ein Blatt Papier und schreibe es exakt auf.

3. Gesundheit: Inwieweit wären Dein Körper, Dein Fitnessgrad, Dein Gesundheitszustand anders, wenn all das in jeder Hinsicht perfekt wäre? Also Dein Gewicht, Dein Aussehen, Deine Energie etc.

4. Beziehungen: Welche Lebensform und welchen Lebensstil möchtest Du gerne für Deine Familie und Dich verwirklichen? Wie viel Urlaube willst Du machen? Welche Urlaube? Wo willst Du leben? Und so weiter.

5. Spielsachen: Darunter verstehe ich alles, was Dir an Gegenständen Freude, Spaß, Befriedigung verschafft. Ob nun ein bestimmtes Traumauto, ein Motorrad, schöne Kleider, Dein Traumhaus – schreibe auf, was Du willst.

1. Schritt: Schreibe nun zu diesen fünf Schlüsselbereichen alles auf, was Dir einfällt, was Du möchtest.

2. Schritt: Wähle aus Deinen Ergebnissen insgesamt zehn Ziele aus. Nimm Dir ein neues Blatt Papier, beschrifte es mit „Meine zehn wichtigsten Ziele" und dann schreibe Dir genau diese zehn wichtigsten Ziele einmal auf. Möglicherweise hast Du viel mehr als zehn Ziele gefunden. Dann musst Du welche streichen, denn es bleibt am Ende bei exakt diesen zehn Zielen auf Deiner Liste.

 4. Tag:
Wähle Dein Haupt-Ziel aus!

Für Deine heutige Aufgabe nimmst Du Dir zweimal exakt 60 Sekunden Zeit. Also eine sehr kurze, aber extrem wichtige Tagesaufgabe:

1. Schritt: Wenn die Stoppuhr gestartet ist, hast Du 60 Sekunden Zeit, Dir Deine drei wichtigsten Ziele in Deinem Leben aufzuschreiben. Du nimmst also ein Blatt Papier, startest eine Stoppuhr und notierst in einer Minute die drei wichtigsten Ziele in Deinem Leben.

2. Schritt: Jetzt hast Du wiederum 60 Sekunden Zeit, um Dein zentrales Ziel auszuwählen. Frage Dich dabei: Welches eine Ziel hätte die größte Auswirkung auf mein zukünftiges Leben? Stelle Dir vor, Dein Zauberprinz würde immer noch vor Dir stehen und zu Dir sagen: „Ich kann

leider nicht alle Ziele Deines Lebens gleichzeitig erfüllen, aber wenn Du Dich für Dein wichtigstes Ziel entscheidest, dann garantiere ich Dir, dass ich Dir dieses Ziel verwirkliche." Du hast jetzt wieder 60 Sekunden Zeit. Nimm Dir ein leeres Blatt Papier zur Hand, starte Deine Stoppuhr und schreibe das wichtigste Ziel für Dein Leben auf.

5. Tag:

Formuliere Dein Hauptziel richtig:

Das mag sich ein wenig banal anhören, aber die richtige Formulierung eines Ziels bedeutet, bereits 50 % des Wegs zum Ziel zurückgelegt zu haben. Der Grund ist Dein Traumprinz, der vor Dir steht und genau von Dir wissen muss, welches Hauptziel Du hast und was er liefern soll. Dieser Traumprinz ist übrigens Dein Unterbewusstsein. Das Unterbewusstsein führt alle Befehle aus, die man klar, eindeutig und als Programmierung anlegt. Wenn ich die Teilnehmer in meinen Seminaren bitte, ihre Ziele aufzuschreiben, kommen dabei oft folgende Formulierungen heraus:

- Ich hätte gerne ein höheres Einkommen.
- Ich möchte gerne ein größeres Vermögen.
- Ich würde gerne ein Leben lang gesund sein usw.

Doch all das sind keine klar und eindeutig formulierten Ziele, das sind im besten Fall einfach nur Wunschäußerungen. Stelle Dir vor, Du würdest an einen Bahn- oder Flughafenticketschalter gehen und auf die Frage, wohin Du willst, antworten: „Ach, irgendwohin, wo es schön ist." Oder: „Ein schönes Ziel, wo es warm ist." Oder: „Ich würde gerne eine Reise machen, dorthin, wo ich viel erleben kann." Wüsste nun der Mitarbeiter, was für ein Ticket er Dir verkaufen soll?

Und genau so ist es auch mit allen anderen Zielen: Du musst klar und eindeutig wissen, wohin Du willst. Nur dann kann Dein Unterbewusstsein, manche sagen auch das Universum oder der liebe Gott, eine Auslieferung an Dich senden.

Bitte nimm jetzt wieder Papier zur Hand und formuliere Dein Hauptziel genau nach den acht Schritten, die ich Dir vorgebe:

1. Schritt:
Ich-Form: „Ich" ist das Wort, das Du als einziger Mensch auf dieser Welt in Zusammenhang mit Dir verwenden kannst. Deshalb beginne bitte jede Zielformulierung immer mit dem Wörtchen „Ich". Nach dem „Ich" kommt dann als zweites ein Tätigkeitswort, ein Verb.

Beispielsweise:
„Ich besitze ..." oder „Ich lebe ..." oder „Ich fahre ..."
Hier ein Beispiel für ein komplett formuliertes Ziel, damit Du weißt, was ich meine:
„Ich lebe in meinem Traumhaus mit 500 m² Fläche zum 31.12.20XY."
Oder:
„Ich fahre mein eigenes Mercedes SL-Cabrio spätestens zum 01.05.20XY."
Oder:
„Ich verdiene im Jahr 20XY 100.000 €."
Prinzip verstanden?

2. Schritt:
Formuliere Deine Ziele klar, eindeutig und vor allem messbar.

Als meine beiden Söhne Alexander und Maximilian noch kleiner waren, kamen sie alle vier Wochen am Wochenende zu mir und wollten gemessen werden. Sie wollten wissen, ob sie wieder etwas gewachsen waren. Wie konnten wir gemeinsam feststellen, ob sie seit der letzten Messung vor vier Wochen gewachsen waren? Ganz einfach: Wir brauchten eine Vergleichszahl. Das heißt, wir benötigten eine messbare Vergleichszahl von vor vier Wochen und eine neue messbare Vergleichszahl am Messtag selbst. Nun konnten wir durch die Differenz feststellen, ob sie gewachsen waren oder nicht.

Und genau so ist es bei Deinen Zielen: Du brauchst messbare Ziele, damit Du feststellen kannst, wann Du am Ziel angekommen bist. Das ist generell eine gute Frage, um Ziele messbar zu machen: An was machst Du fest, dass Du attraktiver aussiehst? An was kannst Du festmachen, dass Du fitter bist? An was kannst Du festmachen, dass Du das Einkommen erzielst, das Du Dir wünschst? An welcher Zahl kannst Du messbar machen, dass Du in Deinem Traumhaus lebst?

Dein Hauptziel muss also klar und eindeutig formuliert und messbar sein. Dadurch bist Du in der Lage, dieses Endziel auch in messbare Zwischenziele zu unterteilen. So kannst Du immer feststellen, ob Du auf Kurs liegst – oder ob Deine Rakete vom Kurs abgekommen ist. Wenn die Rakete, die von der Erde zum Mond fliegt, auch nur einen Zentimeter vom Kurs abkommt, dann wird aus einem Zentimeter ein Meter, aus einem Meter werden 100 Meter, aus 100 Metern wird ein Kilometer, aus einem Kilometer werden dann 1.000 Kilometer – und die Rakete fliegt am Mond vorbei. Wird aber bei einer Kursabweichung sofort eine

Kurskorrektur eingeleitet, wird sie ihr Ziel, den Mond, sicher erreichen. Wenn Du merkst, dass Du vom Kurs abkommst, kannst Du Deine Strategie verändern – und bist dadurch in der Lage, Deine Rakete wieder auf Kurs zu bringen.

3. Schritt:
Positiv formulieren: Wissenschaftler haben festgestellt, dass das menschliche Gehirn keine Vorstellung für das Wörtchen „nicht" hat. In Paris wollte man erreichen, dass weniger Parkbesucher über den angelegten Rasen laufen, und stellte Schilder mit der Beschriftung „Bitte nicht den Rasen betreten!" auf. Ergebnis: Es marschierten doppelt so viele Parkbesucher über den Rasen als vorher. Dann stellte man stattdessen Schilder mit der Beschriftung „Bitte benutzen Sie die Gehwege" auf. Ergebnis: Die Zahl der Rasenterroristen halbierte sich.

4. Schritt:
Gegenwartsform: Formuliere immer in der Gegenwart, als ob es bereits die Realität wäre. Nicht: Du wirst, Du möchtest, es wird sein. Sondern: Du bist, Du hast, Du tust. Und womit beginnst Du immer? Richtig, mit dem Wörtchen „Ich" und mit einem Verb. Das suggeriert Deinem Unterbewusstsein, dass etwas existiert, was in der Realität noch nicht der Fall ist. Dein Unterbewusstsein wird nun alle Hebel in Bewegung setzen, damit sich das, was in Deinem Inneren angelegt ist, auch außen manifestiert. Das uralte Lebensgesetz dazu lautet: „Wie im Innern, so im Außen!"

5. Schritt:
Terminieren: Setze Dir klare Fristen. Dein Unterbewusstsein wird eine Frist als eine Art Zwangssystem nutzen, um Dich mit allen zur Verfügung stehenden Möglichkeiten dazu zu bringen, Dein Ziel terminge-

recht zu erreichen. Vor Jahren habe ich gelesen, dass ein Ziel ein Wunsch mit einem klaren Termin ist!

6. Schritt:

Etappenziele festlegen: Wenn ich Dich jetzt fragen würde, ob Du in der Lage wärst, morgen mit mir 2.000 Kilometer nach Moskau zu laufen, was würdest Du – und zwar ernsthaft – antworten? Die allermeisten, denen ich diese Frage im Seminar stelle, antworten mit „Nein". Wenn ich ihnen dann sage, dass wir uns 200 Tage Zeit lassen und pro Tag 10 Kilometerchen laufen, also zwei Mal ein Spaziergang von 5 Kilometern, was maximal eineinhalb Stunden ganz gemütliches Schlendern entspricht, wie schaut es dann aus? Würdest Du Dir jetzt zutrauen, mit nach Moskau zu gehen? An der Stelle antworten so gut wie alle Seminarteilnehmer: „Natürlich!"

Das große Endziel hat sich nicht geändert, aber durch die Einteilung in kleine Etappenziele wird es plötzlich vorstellbar, anfassbar und damit leichter umsetzbar. Außerdem, wie bereits erwähnt, kannst Du dann regelmäßig feststellen, ob Du Dich noch auf Zielkurs befindest oder Deine Strategie verändern musst, um wieder auf Kurs zu kommen.

7. Schritt:

Formuliere Dein Ziel in fünf bis zehn Wörtern. Alles, was darüber hinausgeht, ist Geschwafel. Je kürzer und klarer Du Dein Ziel formulierst, desto schneller und leichter wird es vom Unterbewusstsein angenommen. Hier ein Beispiel: „Ich besitze 1 Million Euro Nettovermögen zum 31.12.20XY."

8. Schritt:

Nochmals zur Überprüfung: Hast Du Deine ganze Zielformulierung jetzt schriftlich gemacht? Gehe nicht nur für dieses eine Hauptziel so vor, sondern für alle Ziele, die Du in Zukunft anpeilst und erreichen möchtest. Nur die Schriftlichkeit sorgt dafür, dass das Unterbewusstsein aktiv wird. Denke immer daran: Nur 1 % aller Menschen hat schriftlich formulierte Ziele – die anderen 99 % arbeiten auf irgendeine Art und Weise für diese 1 %. Und dieses 1 % besitzt am Ende etwa 50 % des Gesamt-Einkommens!

 6. Tag:

Das Prinzip der Hindernisse

1. Schritt:

Zunächst gilt es, die Hindernisse, Beschränkungen und begrenzenden Faktoren, die Dich hindern könnten, Dein Hauptziel zu erreichen, zu identifizieren. Mache Dir also ausführlich Gedanken und schreibe Dir am heutigen Tag alle Hindernisse und alle Beschränkungen auf, die zwischen Dir und Deinem Ziel stehen könnten.

2. Schritt:

Erkenne das größte Schlüsselhindernis und schreibe es auf: Was ist Dein Haupt-Hindernis auf dem Weg zu Deinem Erfolg?

 7. Tag:

Was ist die fehlende oder unzureichende Fertigkeit, die, wenn Du sie besitzen würdest, die größte Auswirkung für die Erreichung Deines Hauptzieles hat? Ist es eine fachliche Fähigkeit? Ist es mehr Fachwissen?

Ist es mehr Persönlichkeit? Viele Kleinunternehmer haben keine oder zu wenig Ahnung von Marketing oder besitzen kein funktionierendes Verkaufssystem. Oder delegierst Du zu wenig? Oder hast Du kein Führungssystem? Was ist die fehlende oder unzureichende Fertigkeit, die Du entwickeln musst, um das Momentum auf dem Weg zu Deinem Ziel deutlich zu beschleunigen?

Die Schlüsselfrage ist: Welche eine Fertigkeit würde die positivste Auswirkung auf Dein zukünftiges Leben haben?

 8. Tag:

Wer kann Dir dabei helfen, Dein Hauptziel zu erreichen? Wie sage ich manchmal so schön: Alleine ist sicherlich vieles möglich, aber nur mit der Hilfe anderer Menschen ist alles möglich. Wenn Du wirklich große Ziele erreichen willst, wenn Du großartige Erfolge erzielen möchtest, dann benötigst Du dabei die Hilfe und die Kooperation anderer Menschen.

1. Schritt:

Erstelle eine Liste mit allen Menschen, die Dir auf Deinem Weg zu Deinem Hauptziel helfen könnten. Vielleicht benötigst Du bestimmte Mitarbeiter? Oder entsprechende Kunden? Oder Kooperationspartner? Oder Menschen, die Dir das Know-how geben, das notwendig ist, um Dein Hauptziel zu erreichen. Das sind Menschen, die bereits vor Dir ein ähnliches Ziel hatten – und ihren Zielgipfel erreicht haben. Diese Menschen wissen genau, welches Haupt-Hindernis im Weg steht, und können Dir sagen, welche Schlüsselfertigkeit Du erwerben musst, um mehr Geschwindigkeit in Deinen Fortschritt zu bringen. Denn um ihr Ziel zu erreichen, mussten sie diese beiden Schritte ebenfalls durchlaufen.

Von wem könntest Du also lernen? Warum, glaubst Du, kommen hunderttausende von Menschen zu meinen Seminaren? Weil sie von meinem Wissen und meinen Erfahrungen lernen wollen. Und wenn jemand zwei Mal am Boden lag, heute aber wieder europäischer Marktführer und eines der 1.000 am schnellsten wachsenden Unternehmen in ganz Europa ist, ist es dann nicht sehr wahrscheinlich, dass ich auch Dir helfen kann?

2. Schritt:
Jetzt definierst Du die Haupt-Schlüsselperson unter all diesen Menschen, die Du definiert hast. Und dann überlege Dir: Was hat sie für einen Nutzen, wenn sie Dir bei Deiner Zielerreichung hilft? Warum sollte die Person all ihr Wissen, ihre Erfahrungen weitergeben, für die sie viel Zeit und Geld, manchmal auch viel Schweiß, Blut und Tränen eingesetzt hat? Für nichts? Was könntest Du bieten? Was könntest Du für das Know-how tauschen, das Du von diesem Menschen willst?

 9. Tag:
Brainstorming: Erstelle eine Liste mit allem, was Du tun musst, um Dein Hauptziel zu erreichen. Nimm Deine bisherigen Listen zur Hand und führe sie zusammen. Welche Hindernisse musst Du überwinden, welches Wissen, welche Fähigkeiten und Fertigkeiten musst Du entwickeln und welche Personen können Dir helfen, Dein Ziel zu erreichen? Erstelle aus all diesen Listen nun eine Gesamtliste, um genau zu wissen, was zu tun ist.

 10. Tag:
Heute erstellst Du einen groben Plan: Was ist von all den Dingen, die Du tun musst, am wichtigsten (nimm Deine Liste vom gestrigen Tag, dem neunten, zur Hand), um einen groben Plan zu erstellen. Du vergibst

jeder einzelnen Maßnahme einen Buchstaben: A, B oder C. Dies ist die ABC-Wichtigkeits-Methode.

A = Sehr wichtig!
B = Wichtig!
C = Nicht ganz so wichtig!

Jede einzelne Maßnahme auf Deiner Liste, die notwendig ist, um Dein Hauptziel zu erreichen, wird nun nach diesen Prioritäten geplant.

11. Tag:

Erstellen eines detaillierten Plans! Heute konzipierst Du einen genauen Strategieplan. Du legst ein exaktes Vorgehen fest, wie Du Dein Hauptziel erreichen willst. Du erstellst einen genauen Zeitplan: Was muss wann, wo, von wem und auf welche Weise erledigt werden? Wenn Du ein Ziel mit einem klaren, detaillierten Prioritäten- und Zeitplan besitzt, erhöhst Du die Wahrscheinlichkeit, Deine Ziele zu erreichen, um bis zu 1.000 %!

Man sagt, dass jede Minute, die man in die Formulierung und Planung eines Ziels investiert, später 10–100 Minuten an eigener Arbeitszeit spart. Das heißt: Jede Minute Planung, die Du jetzt investierst, wird sich mit 1.000–10.000 % an Zeit verzinsen. Nicht schlecht, oder?

Bitte erstelle jetzt einen exakten Plan für die nächsten Jahre, dann für die Quartale, dann für die Monate, Wochen und schließlich für jeden Tag. Plane zuerst die A-Aufgaben, also die sehr wichtigen Aufgaben, denn sie haben Vorrang vor allen anderen. Dann planst Du Deine B-Aufgaben, die ebenfalls noch wichtig sind. Zum Schluss sind die C-Aufgaben an der Reihe.

Mach Dir unbedingt klar, dass die Erledigung und Umsetzung der A-Aufgaben den größten Einfluss auf die Wahrscheinlichkeit der Zielerreichung haben. Die B-Aufgaben besitzen immer noch einen hohen Einfluss, die C-Aufgaben nur noch einen marginalen. Hast Du genügend Zeit, ist es wunderbar, wenn Du auch die C-Aufgaben umsetzt. Aber was Du auf alle Fälle umsetzen musst, sind die A-Aufgaben.

 12. Tag:

Bitte verinnerliche, dass Du Deine wichtigsten Aufgaben immer zuerst erledigen musst. Die Frage ist also: Welche Hauptaufgabe bringt Dich Deinem Hauptziel heute am nächsten? Diese Frage solltest Du Dir natürlich nicht nur einmal stellen, sondern ab sofort jeden Tag – bis Du Dein Hauptziel erreicht hast! Und wenn Du Dir ein neues Ziel setzt, das Du erreichen willst, dann gehst Du genauso vor.

Die Frage ist ganz einfach: Von all den unzähligen Dingen, die Du zu erledigen hast und erledigen könntest, fragst Du Dich: „Wenn ich heute nur eine einzige Sache von meiner gesamten Liste umsetzen könnte, welche wäre das? Was wäre die aller-aller-aller-wichtigste?" Und die Aktivität, die Du als Antwort auswählst, ist Deine Hauptpriorität.

Meine Arbeit ist nie fertig. Ich bin nun seit meinem 19. Lebensjahr selbstständig und noch nie hatte ich alles erledigt. Auch wenn ich mehrere Wochen in Urlaub fahre und möglichst viel davor erledige, gibt es immer noch ein paar Kästchen, in dem Projekte und Dinge warten, die nach meinem Urlaub erledigt werden wollen. Und kaum ist Dein Eingangskästchen leer, kommt neue Arbeit. Kaum ist Dein E-Mail-Eingang leer, kommen neue E-Mails. Stimmst Du mir zu? Ja oder ja? Wenn also eh nie alles fertig sein kann, geht es doch gar nicht darum, dass Du alles, sondern dass Du die richtigen Dinge erledigst. Und die richtigen Dinge sind immer diejenigen mit der höchsten Priorität. Und die höchste Priorität haben diejenigen Dinge, die Dich Deinem Hauptziel am schnellsten näherbringen.

13. Tag:

Konzentriere Dich! Jetzt ist es wichtig, dass Du jegliche Ablenkungen vermeidest. Das Gesetz der Konzentration besagt, dass die Dinge, mit denen wir uns am meisten beschäftigen, am stärksten in unserem Leben manifestiert werden. Dies gilt für negative Dinge genauso wie für positive. Beschäftigst Du Dich also am meisten und intensivsten mit Deinem Hauptziel, wirst Du Deinem Hauptziel immer näher kommen. Und deshalb ist es so wichtig, dass Du fokussiert bleibst. Die Fähigkeit zur Fokussierung und Konzentration ist ein Hauptschlüsselfaktor für den Erfolg. Fokussierung bedeutet, dass Dir sehr bewusst ist und dass Du genau weißt, welches Hauptziel Du erreichen willst.

Und Konzentration bedeutet, dass Du Dich nur noch den Dingen widmest, die Dich diesem Ziel auch näherbringen. Alles andere eliminierst Du, delegierst Du oder lässt Du liegen, bis Du Zeit dafür findest. Das ist die Fähigkeit zur Selbstdisziplin. Nur die erfolgreichsten Menschen besitzen diese Eigenschaft. Deine Fähigkeit, täglich Deine wichtigste Aufgabe auszuwählen und diese vollständig zu erledigen und ohne Ablenkungen zu verfolgen, wird die Qualität Deines Lebens, das Du führen kannst, wesentlich beeinflussen.

Cristiano Ronaldo konzentrierte sich auf Fußball – deshalb wurde er mehrmals Weltfußballer. Pablo Picasso konzentrierte sich ausschließlich aufs Malen – alles andere sollen andere Menschen machen.

Ich denke ständig darüber nach, was ich mittlerweile von meinen Tätigkeiten abgeben kann. Wer könnte die Sachen für mich erledigen? Bei mir geht das so weit, dass ich auch privat alles Mögliche abdelegiere. Ob nun Straßenkehren, Gartenpflege, Einkäufe, Autowäsche und Pflege, kleinere Besorgungen, Botengänge und Fahrten – alles, was ich delegieren kann, delegiere ich an irgendjemanden ab. Die Folge: Ich kann mich auf das konzentrieren, was mich und meine Jürgen Höller Academy am schnellsten weiterbringt. Vielleicht ist das wirklich einer der Schlüsselfaktoren dafür, dass ich in Deutschland zum 149 schnellstwachsenden Unternehmen im Jahr 2016 aufstieg? Ich bin davon überzeugt.

14. Tag:
Installiere Unterstützungstechniken.

1. Schritt:
Schreibe Dein Ziel auf ein großes Stück Papier. Du kannst auch ein Bild ausschneiden und es aufkleben oder es selber zeichnen, beschrifte es aber mit Deinem Hauptzielsatz. Lass dieses Papier rahmen und hänge es an einem Ort auf, an dem Du immer wieder vorbeilaufen und es lesen musst. Zum Beispiel neben Deinem Badezimmerspiegel. Wusstest Du, dass Michael Jackson als kleiner Junge einen Zettel an seinen Badezimmerspiegel aufgehängt hat, auf dem „Michael Jackson, Thriller, 100 Millionen Alben" stand? Nun, von seinem 1984 veröffentlichten Album „Thriller" wurden bis heute etwa 108 Millionen Exemplare verkauft. Diesen Tipp bekam er übrigens von Muhammad Ali, der die Technik ebenfalls anwendete.

2. Schritt:
Visualisierung: Schließe einmal täglich für zwei bis vier Minuten die Augen und stelle Dir mit all Deinen Sinnesorganen vor, Du hättest das Ziel bereits erreicht. Du siehst Dich am Ziel, hörst die Stimmen und Geräusche, empfindest das Glücksgefühl, riechst und schmeckst, was Du alles riechen und schmecken wirst, wenn Du dieses Ziel erreicht hast. Noch wirkungsvoller ist es, wenn Du Dir dabei eine bestimmte Musik anhörst, die bei Dir Gänsehaut und zusätzliche Kraft erzeugt. Diese Visualisierungstechnik wird von allen Spitzensportlern weltweit eingesetzt und sie wird auch Dir dabei helfen, Dein großes Ziel zu erreichen.

3. Schritt:
Autosuggestion: Sage Dir Dein Hauptziel immer und immer wieder vor: „Ich besitze eine Million Euro Vermögen am 31.12.XY!"

4. Schritt:
Veröffentliche Dein Ziel: Ein Mensch will mit dem Rauchen aufhören oder abnehmen, erzählt aber niemandem von seinem Vorhaben. Er hat Angst, als Versager, als Sprücheklopfer dazustehen, wenn er es nicht schafft. Was impliziert ein solches Vorgehen? Der Misserfolg wird bereits vorausgesetzt. Wenn Du Dein Hauptziel erreichen willst, warte eine Zeit lang ab, bis dieser Glaube bei Dir entstanden und gereift ist, bis Dein Plan steht, bis Du losgelaufen bist – und dann veröffentliche es! Mache es damit zu einem absoluten Muss, zu einer Verpflichtung. Wenn Partner, Familie, Freunde und Arbeitsumfeld Dein Hauptziel kennen, wirst Du es geradezu erreichen müssen.

Erlaube mir zum Schluss des Erfolgs-Kapitels noch ein paar Bemerkungen: Ich bin fest davon überzeugt, dass jeder Mensch auf diese Welt kommt, um Großes zu erreichen. Auch Du hast Talente und Begabungen, wie sie kein anderer Mensch in dieser Zusammensetzung hat. Du warst vom ersten Moment an ein Gewinner, denn die stärkste Samenzelle hat sich im Kampf gegen Milliarden anderer durchgesetzt. Jetzt ist es wichtig, dass Du ins Handeln kommst, ständig dabei bleibst und jeden Tag diszipliniert an Deinem Erfolg arbeitest.

Wenn Du dann auf dem Gipfel angekommen bist und Dein Hauptziel erreicht hast, denke einmal kurz an mich und schicke mir den Gedanken, dass Du dieses Ziel erreicht hast. Weiter geht es mit dem Kapitel über Deine Karriere!

KARRIERE

Von Hinterhof bis Rampenlicht

Glaube – Übung – Umsetzung

1984 kam ein vollkommen unbekannter junger Mann in Chicago an. Er war von der Basketball-Mannschaft „Chicago Bulls" als neuer Spieler engagiert worden. Damals sahen pro Spiel nur 600 Zuschauer zu. Dieser junge Mann hatte es als kleiner Junge nicht einmal geschafft, die Qualifikation für die High-School-Mannschaft zu bewältigen. Seine Reaktion: Auf einem Hinterhof übte er immer wieder das Körbewerfen, stundenlang.

Seine Karriere begann im ersten College-Jahr: Eine Sekunde vor Schluss des Spiels lag sein Team einen Punkt zurück. Er bekam den Ball und warf ihn von der Mittellinie aus mit dem Mut der Verzweiflung in Richtung Korb – und er traf! Seine Mannschaft gewann schließlich mit dem Schlusspfiff und seitdem hat er diesen tiefen, unerschütterlichen Glauben, dass er alles kann. Dieser junge Mann hieß Michael Jordan.
Bis heute verdiente er weit über eine Milliarde Dollar.

Michael Jordan bekam eine Million Dollar pro Auftritt – zum Beispiel, wenn er ein neues Casino in Las Vegas eröffnete und sich dort eine Stunde sehen ließ. Nach jedem Spiel warteten 150 Reporter auf ihn, um ihn zu fotografieren und zu interviewen. Dank des „Königs der Lüfte" stiegen die Chicago Bulls zur erfolgreichsten US-Basketball-Mannschaft und zu einer der erfolgreichsten Sportmannschaften der Welt auf. Seine letzten 300 Heimspiele waren mit jeweils 23.000 Zuschauern ausverkauft. Sieben Mal in neun Jahren waren die Chicago Bulls Meister im Basketball. Der Umsatz pro Jahr betrug circa 500 Millionen US-Dollar.

Als Michael „Air" Jordan vor einiger Zeit zurücktrat und eineinhalb Jahre Pause einlegte, herrschte ein Katzenjammer in der NBA. Als er nach diesen eineinhalb Jahren zurückkehrte, legte der Börsenkurs der Firmen, für die er Werbung betrieb (McDonald's, Nike etc.), innerhalb von 24 Stunden in ungeahnter Weise zu.

Warum hat es Michael Jordan zu dieser Größe gebracht? Weil er an sich glaubte, weil er nie aufgab und weil er beständig, ausdauernd und beharrlich an seinen Fertigkeiten arbeitete.

Auch Michael Jordan musste Rückschläge erleiden. Man denke nur daran, dass er nicht mal in das High-School-Team aufgenommen wurde. Aber er hat an sich geglaubt und er hat immer wieder geübt.

Demokrit sagt dazu: „Es werden mehr Menschen durch Übung tüchtig als durch Naturanlage!"

Das Leben, das Schicksal, Gott (suche Dir aus, woran Du glaubst) schenkt uns die Begabung – harte und ausdauernde Arbeit macht daraus das Genie. Nikolaus B. Enkelmann sagte einmal: „Glück kommt von Gelingen." Und das Wort „Gelingen" hängt mit Tun und Handeln zusammen. Bedenke immer: Wer selbst nicht handelt, der wird behandelt.

Wer Mentaltraining betreibt, muss eine Ursache setzen. Nur dann erfüllt sich das Gesetz von Ursache und Wirkung. Doch die Ursache besteht aus zwei Teilen:

Wer etwas ernten will, der muss es auch aussäen.

1. Saatgut = Der Gedanke
2. Aussäen = Das Handeln

Vielleicht fällt uns das Handeln deshalb so schwer, weil wir Dinge tun, die uns keinen Spaß machen. Wenn wir Kinder beobachten, stellen wir fest, dass sie eine unvorstellbare Ausdauer für Dinge haben, die ihnen Freude bereiten. Sie sind aber absolut nicht dazu zu bewegen, Dinge zu tun, die ihnen keinen Spaß machen.

Liegt es also daran, dass wir an den Dingen, die wir tun, keine Freude haben? Laut einer Untersuchung gehen 56 % aller Menschen einer Tätigkeit nach, die ihnen keine Freude bereitet. Aber wenn wir eine Tätigkeit haben, die uns Freude macht, warum haben wir dann noch Schwierigkeiten zu handeln? Das Leben schenkt uns nun mal kein Freibier, wir müssen hart dafür arbeiten. Aktivität ist das Schlüsselwort – nicht nur im Verkauf, sondern bei jeder Tätigkeit. Wir müssen handeln, wir müssen ins Tun kommen!

> „Wer weiß, was er zu tun hat, und es nicht tut, der macht sich schuldig!"
> *Jakobus*

Du musst also beginnen und dann beharrlich dabei bleiben. Aber warum ist dieses beharrliche Dabeibleiben so wichtig?

Durch die Konzentration auf eine Sache wirst Du sie im Laufe der Zeit immer wieder tun. Das heißt, Du wiederholst die gleiche Tätigkeit. Nehmen wir als Beispiel einen Verkäufer. Wenn ein Verkäufer beharrlich dabei bleibt, immer wieder Bücher liest, Audio-Weiterbildung hört,

Video-Seminare ansieht und regelmäßig Seminare besucht, wird sein Wissen immer größer. Wenn er das Wissen dann in der Praxis anwendet und im Laufe der Zeit einen Punkt nach dem anderen integriert, wird er als Verkäufer immer besser. Er wird selbstsicherer, er wird mehr Abschlüsse tätigen, sein Selbstbewusstsein steigt ständig und so weiter.

Durch permanentes Wiederholen verdichten sich also Überlegungen. Und Können ist König! Wissen kann man viel, aber das reicht nicht aus. Wenn man weiß, wie man einen Nagel in die Wand schlägt, kann man es noch lange nicht tun. Wissen ist wenig – erst das Können macht den König. Wer einmal etwas Kluges gehört hat, ist deshalb noch lange nicht klug. Der Weg ist dabei immer der gleiche:

Wir sind das, was wir wiederholt tun!

Schon Aristoteles erkannte: „Wir sind das, was wir wiederholt tun. Vorzüglichkeit ist daher keine Handlung, sondern eine Gewohnheit!" Wissenschaftlich gesehen ist es so, dass jedes Verhalten am Anfang, bildlich gesehen, einem Trampelpfad entspricht – zunächst nur eine dünne und schwache Vernetzung unserer Nervenzellen. Mit jeder Wiederholung wird diese Vernetzung aber fester und fester. Im Laufe der Zeit wird aus diesem Trampelpfad ein komfortabler Weg, schließlich eine feste, stabile Straße und am Ende sogar eine Autobahn. Dies gilt übrigens sowohl für negative als auch für positive Handlungsweisen.

Jetzt verstehst Du vielleicht auch, warum sich zwischen Wissen und Tun eine riesige Lücke erstreckt. Die Lücke zwischen Wissen und Tun ist das schwächste Glied in der Lebenskette der meisten Menschen.

Das Problem besteht in der Regel nicht darin, dass wir nicht wissen, was wir tun sollen, sondern dass wir es nicht schaffen, etwas in die Tat umzusetzen.

Ich kenne das von meinen Seminaren. Viele Teilnehmer sind nach dem Seminarbesuch begeistert und meinen, dies wäre nun der große „Durchbruch". Sie fahren nach Hause – und ein paar wenige sind enttäuscht. Warum? Weil nichts passiert. Genau das sind die Teilnehmer, die es nicht verstanden haben. Es reicht nicht aus, einmal ein Seminar über Erfolgs- und Motivations-Strategien zu besuchen oder ein Buch oder eine Audio-CD zu diesem Thema zu lesen oder zu hören. Das neu erworbene Wissen ist ja noch kein Teil ihres Charakters geworden. Damit es Dein festes, geistiges Eigentum wird, damit dieses Wissen sich unbewusst frei entfalten kann und Dich sicher zum Erfolg, zum Spitzenerfolg führt, muss es sich im Unterbewusstsein verdichten. Das bedeutet, dass Du Dich regelmäßig mit diesen Dingen beschäftigen, dass Du regelmäßige Übungen absolvieren musst, um es schließlich zu einem Teil Deiner Persönlichkeit werden zu lassen:

Die Übungen zur Weiterentwicklung Deiner Persönlichkeit:

- ☑ Besuche regelmäßig Seminare. Ich besuchte 220 Seminare bei den besten Trainern der Welt!

- ☑ Lese immer wieder Bücher. Ich selbst ca. 3000 Bücher zu den Themen Erfolg, Motivation, Verkauf, Marketing und Persönlichkeit gelesen.

- ☑ Höre immer und immer wieder Audio-Weiterbildung im Auto oder zu Hause. So sind beispielsweise über 600 Audio- und Videoprogramme von den erfolgreichsten Trainern mittlerweile zu meinem geistigen Eigentum geworden.

- ☑ Setze die wichtigen Dinge in Deinem Leben um, denn dann werden sie ein Teil Deiner Persönlichkeit.

- ☑ Schreibe täglich Deine Erfolge in Dein Erfolgs-Tagebuch.

- ☑ Notiere täglich in Deinem Dankbarkeits-Journal, wofür Du dankbar bist.

- ☑ Wende regelmäßig das mentale Audio-Training an.

- ☑ Praktiziere täglich die Autosuggestion.

- ☑ Nutze die Visualisierungstechnik.

- ☑ Schreibe täglich Deine 3 wichtigsten Ziele auf.

Der Schlüssel liegt also in der Vertiefung der Erkenntnisse, in der Beherrschung verschiedener Werkzeuge und Methoden, die dazu führen, dass wir bei gleicher oder verstärkter Anstrengung stetig mehr Leistung bringen können. Durch ständige Wiederholung werden Widerstände abgebaut, wird vorher Unvorstellbares vorstellbar. Unmögliches wird möglich und Unglaubliches wird selbstverständlich. Wenn dies nicht so wäre, bedürfte es neben dem Theoriekurs in Fahrschulen keinerlei praktischer Übungsfahrt. Wer weiß, wie die Tasten eines Musikinstrumentes zu schlagen sind, kann deshalb noch lange nicht Klavierspielen. Wer weiß, wie eine Schreibmaschine funktioniert, kann deshalb noch lange keinen Brief schreiben. Wer weiß, wie Erfolgs- und Motivations-Strategien funktionieren, ist deshalb noch lange nicht erfolgreich und motiviert. Das ist auch der Grund dafür, warum einige meiner Trainerkollegen zwar über die Erfolgs-Strategien reden, aber selbst keinen Erfolg haben.

Was weißt Du bereits, wendest es aber noch nicht an?

Stelle Dir Folgendes vor: Du stehst am Ufer eines Baches und möchtest auf die andere Seite. Du willst Dir die Füße aber nicht nass machen. Wäre in der Mitte des Baches ein großer Stein, könntest Du ihn als Trittbrett benutzen, um mit trockenen Füßen auf die andere Seite zu gelangen. Du fängst an, einen Stein in den Bach zu werfen – und nichts passiert.

Du wirfst einen zweiten und dritten Stein, aber es hat keine Wirkung. Unbeirrbar machst Du weiter. Stein um Stein wirfst Du genau in die Mitte des Baches. Es dauert und dauert. Doch schließlich wirfst Du einen Stein, der oben liegen bleibt. Du wirfst noch weitere Steine hinein – und schließlich hast Du Dein Trittbrett. Die gleiche Wirkung hat das Wiederholen, hat die Beharrlichkeit in Deinem Leben: Du baust Dir ein Trittbrett, das Dich auf die Seite des Erfolges führt.

Nikolaus B. Enkelmann hat die positive Wirkung der Wiederholung in sieben Punkten zusammengefasst:

1. Erst durch Wiederholung wird Wissen verdaut und damit zum praktischen Handeln.

2. Das persönliche Können nimmt zu. Mit der gleichen Energie werden immer größere Mengen der gleichen Arbeit bewältigt.

3. Die einzelnen Abläufe werden immer besser synchronisiert.

4. Das Niveau unserer Leistung verbessert sich qualitativ. Wir werden sicherer und zuverlässiger.

5. Jede Wiederholung setzt Energien frei, die sich als Gedankenblitze äußern. Es entwickelt sich Kreativität.

6. Das Fingerspitzengefühl entwickelt sich. Das Unterbewusstsein arbeitet immer präziser. So wächst das Anpassungsvermögen.

7. Der Mensch entwickelt eine hohe Beherrschung seiner Fähigkeiten. Sicherheit und Überzeugungskraft wachsen.

Wenn Du Deinen Stern am Himmel gefunden hast, ist es notwendig, dass Du hart daran arbeitest, ihm Zentimeter um Zentimeter näher zu kommen. Diese Zentimeter addieren sich zuerst, dann multiplizieren sie sich und schließlich bist Du am Ziel. Es ist genauso wie mit einem Cent, den Du anlegst und der beständig Zins und Zinseszins trägt. Wusstest Du, dass aus 10.000 Euro, die Du mit zwanzig Jahren anlegst und die mit zwölf Prozent verzinst werden (zum Beispiel an der Börse), im Alter von 60 Jahren fast eine Million geworden sind?

Denke daran: Wenn Du Deinem Ziel recht nahe bist, kommen oft noch Prüfungen, die Dich im letzten Moment am Erreichen Deines Ziels hindern wollen. Es ist so, als ob das Leben Dich prüfen will, ob Du wirklich an Dein Ziel glaubst. Könnte es nicht sein, dass Dich kurzzeitiges „Versagen" in Wirklichkeit mit den nötigen Einsichten und Fähigkeiten ausstattet, die Du brauchst, um in der Zukunft noch größere Erfolge zu erzielen? Deine Begeisterung mag eine Zeit lang nachlassen, Dein Stern am Himmel mag von einer Wolke eine Zeit lang verdeckt werden, aber Du wirst niemals so deprimiert und entmutigt sein, dass Du aufgibst. Es kann sein, dass sich Dein Traum zerschlägt. Deine Firma steht kurz vor dem Konkurs oder Du wurdest bei einer Beförderung übergangen. Vielleicht hat sich Dein(e) Partner(in) von Dir getrennt oder Du hast einen Menschen verloren, der Dir sehr nahestand. Dein Traum hat ein jähes Ende gefunden. Was nun?

Glaube weiter daran, dass das Leben auch für Dich die Sonnenseite vorgesehen hat. Glaube daran, dass das Schicksal, das Leben, Gott Dir helfen wird: Es wird Dir ein neuer Traum geschenkt, der Dir dabei hilft, ein Zeichen auf dieser Welt zu setzen. Ein Zeichen, das irgendwann nichts anderes bedeutet als: Ich habe gelebt! Ob dies nun eine Firma ist, die Du aufgebaut hast, ob dies tolle Kinder sind, die Du geboren und erzogen hast, ob dies eine Organisation ist, zu deren Aufbau Du beigetragen hast – sorge dafür, dass Du am Ende Deines Lebens sagen kannst: Dieses Leben ist bei allen Sorgen und Problemen ein Leben gewesen, das sich gelohnt hat. Kämpfe und bleibe dabei.

Wenn Du selbstständig bist oder Dich selbstständig machst, wirst Du erleben, dass die ersten drei Jahre vielleicht fürchterlich sind, die nächsten drei Jahre schwer und erst dann hast Du es womöglich richtig geschafft. Und darum halte durch. Halte um Himmels willen durch! Halte durch wie der Mann, der …

- mit 31 Jahren eine geschäftliche Pleite erlebte,
- mit 32 Jahren einen Wahlkampf verlor,
- mit 34 Jahren erneut eine Pleite erlebte,
- mit 35 Jahren den Tod seiner Geliebten überwinden musste,
- mit 36 Jahren einen Nervenzusammenbruch hatte,
- mit 38 Jahren eine Wahl verlor,
- mit 43 Jahren im Kongress unterlag,
- mit 46 Jahren wieder im Kongress unterlag,
- mit 48 Jahren noch einmal im Kongress unterlag,
- mit 52 Jahren zum Präsidenten der Vereinigten Staaten gewählt wurde.

Dieser Mann wird heute zu den bedeutendsten Präsidenten gezählt, die jemals die Geschicke der Vereinigten Staaten von Amerika leiteten. Sein Name: Abraham Lincoln.

1. Mit welchen Aufgaben bist Du derzeit im Rückstand oder welche Verantwortlichkeiten schiebst Du auf? Bis zu welchem Datum hast Du sie abgeschlossen?

Aufgabe: Erledigungstermin:

2. Nicht abgeschlossene Beziehungen: Gibt es irgendjemanden, mit dem Du eine Beziehung hattest, die „unerledigt" ist, das heißt, die offene Fragen hinterlassen hat, an die Du immer noch denkst, die Dir emotionale Schmerzen verursachen, die Dich wütend, zornig, traurig, und so weiter machen – sei es die Beziehung mit einem Ex-Partner, mit einem/einer Ex-Freund(in), einem früheren Chef, einem Eltern- oder Geschwisterteil?

Um diese Fälle zu lösen, ist es notwendig, dass Du vergisst, vergibst, Dich eventuell auch, je nach Lage der Dinge, entschuldigst. Am besten ist es, wenn Du dieser Person einen liebevollen Brief schreibst (egal, was sie Dir angetan hat!), in dem Du vergibst, verzeihst, in dem Du Dich eventuell auch entschuldigst, mit dem Du aber auf jeden Fall die Beziehung abschließt. Dies mag Dir merkwürdig vorkommen, aber das hilft Dir, Dich zu befreien. Es geht also nicht darum, dass der andere sich besser fühlt, es geht einzig und allein darum, dass Du Dich besser fühlst.

Meine Vorgehensweise:

3. Gibt es derzeit irgendwelche Beziehungen, die Du noch aufrechterhältst, obwohl es massive Probleme gibt?

Wie wirst Du vorgehen, um diese Probleme aus der Welt zu schaffen? Plan: bis wann (Datum)?

4. Gibt es irgendwelche Bereiche in Deinem Leben, in denen Du Dich unzufrieden fühlst, die Dir negativen Stress oder emotionalen Schmerz bereiten? Wenn ja, schreibe sie auf:

5. Warum habe ich das alles bisher zugelassen?

6. Welche Erkenntnisse hast Du gewonnen und was wirst Du nach dieser Aufgabe in Angriff nehmen?

Zu 1.

Zu 2.

Zu 3.

Zu 4.

7. Welche Handlungen, die Du eigentlich schon längst hättest erledigen müssen, schiebst Du seit geraumer Zeit vor Dir her?

8. Hat es Dir Vorteile gebracht, diese Handlungen in der Vergangenheit nicht auszuführen? Wenn ja, welche?

9. Welchen Schmerz, welche Nachteile hattest Du in der Vergangenheit, weil Du diese Aufgabe nicht erledigt hast?

10. Was wird es Dich an „Schmerz" kosten, wenn Du diese Dinge auch jetzt nicht erledigst, sondern weiter aufschiebst?

11. Welche positiven Gefühle wirst Du wohl haben, wenn Du diese Handlungen jetzt anpackst und möglichst umgehend erledigst?

12. Was für Konsequenzen hat diese Übung für Dich?

„Selbst im Alphabet kommt Arbeit vor Erfolg."

Beständigkeit

Zu Beginn meiner Laufbahn ist es immer wieder vorgekommen, dass sich Menschen im Seminar Ziele gesteckt, den Glauben an sich, ihre Zukunft und das Ziel gefunden haben – und dennoch keinen Erfolg erzielten. Eines Tages sprach ein befreundeter Unternehmensberater einige seiner Kunden an, die er zu mir in die Seminare geschickt hatte. Er sagte, dass es nichts Besseres gäbe, als seine Kunden zu Beginn der Zusammenarbeit erst einmal an mich zu vermitteln. Trotzdem muss er bei einigen weitere Energie investieren, damit sie nicht zum „Überflieger" werden, sondern verstehen, dass sie hart für ihren Erfolg arbeiten müssen. Er meinte, dass manche nicht verstehen, dass sie sich nicht nur große Ziele setzen, sondern diese auch pragmatisch und fleißig in die Tat umsetzen müssten.

Diese Information gab mir zu denken und sorgt dafür, dass ich den in diesem Buch behandelten Punkt unter dem Leitsatz „Ins Handeln kommen und beharrlich sein" vehement vertrete. Und tatsächlich war es so, dass viele glaubten, der Jürgen Höller würde sich nur große Ziele setzen und alles würde von alleine in Erfüllung gehen. Viele haben nicht verstanden, dass ich zu Beginn meiner Karriere vier Jahre lang keinen Urlaub gemacht habe, dass ich keinen einzigen freien Tag hatte, sogar an Heiligabend, Silvester und Neujahr an der Umsetzung meines Traums gearbeitet habe. Ich hatte vergessen zu erzählen, dass es Zeiten in meinem Leben gegeben hat, in denen ich bis zu zweihundert Tage pro Jahr Vorträge und Seminare abgehalten habe.

Ich kann mich noch gut an die Zeit erinnern, als ich früh morgens um 5:00 Uhr aufstand, 300 Kilometer zum Veranstaltungsort fuhr, mein Auto selbst entlud, mein Seminar vorbereitete, von 9:00 Uhr bis 17:00 Uhr mein Seminar hielt, anschließend Bücher verkaufte und signierte, um 18:00 Uhr alles wieder einpackte, mein Auto belud, 250 Kilometer zum nächsten Veranstaltungsort fuhr, dort um 23:00 Uhr ankam, eine Stunde mein folgendes Seminar vorbereitete, dann zwei Stunden bis nachts um 2:00 Uhr an einem neuen Buch, einem neuen Audio- oder Videoprogramm oder an der Verbesserung eines Seminars arbeitete, um 7:00 Uhr wieder aufstand, um dann um 9:00 Uhr das nächste Seminar halten zu können.

Auch heute vergeht kaum ein Tag, an dem ich nicht an der Verbesserung meiner Vorträge, Seminare und Bücher arbeite. Zwar räume ich mir mittlerweile zwölf Wochen Urlaub pro Jahr ein, genehmige mir auch immer wieder freie Tage für mich und meine Familie, arbeite abends, wenn ich im Büro bin, nicht länger als 19:00 Uhr – dennoch bin ich ausdauernd und beharrlich dabei, an der Verwirklichung meines großen Traums zu arbeiten, um meinen „Stern" vom Himmel zu holen.

Wer glaubt, er könnte auf leichtem, angenehmem Weg zum Erfolg kommen, den muss ich enttäuschen.

> „Selbst im Alphabet kommt Arbeit vor Erfolg."
> *Glenn W. Turner*

Beständigkeit stellt, meiner Meinung nach, sogar das Talent als wichtigen Bestandteil des Erfolgs in den Schatten. Noch nie hat jemand ein Ziel dadurch erreicht, dass er nur daran glaubte, es erreichen zu können. Du musst ins Handeln kommen! Auf dem Gebiet tätig zu sein, auf dem Du Talent besitzt, ist natürlich eine schöne Sache. Aber Du kannst auf fast jedem Gebiet kompetent werden – und zwar durch bloße Konzentration, Entschlossenheit und Arbeit. Die erfolgreichsten Profis auf dem Gebiet der Leichtathletik, der Schauspielerei, des Rechts, der Medizin und der Wirtschaft schreiben ihren Erfolg immer mehr der „harten Arbeit" als ihrer Begabung zu.

Strategie

Nehmen wir zum Beispiel Franz Beckenbauer. Ohne Zweifel hatte er mehr Talent als die meisten Fußballer dieser Welt. Viele vergessen aber, dass Franz Beckenbauer auch der Spieler war, der hart an sich gearbeitet hat. Schon als Kind hatte er auf den Straßen und Hinterhöfen von Giesing, einem Vorort von München, den ganzen Tag Fußball gespielt. Später war er der erste, der den Trainingsplatz betrat, und der letzte, der ihn abends verließ – ob als Spieler oder später auch als Trainer des FC Bayern München.

Von Franz Beckenbauer stammt folgende Aussage:

„Du kannst den Erfolg nicht auf Zufall aufbauen. Es muss ein Konzept, eine Strategie dahinterstecken. Mein Erfolg beruht auf harter Arbeit und harter Planung."

Er nennt wichtige Erfolgsfaktoren: den Willen zur Leistung, die genaue Planung und eine disziplinierte Durchführung dessen, was er sich vorgenommen hat.

Die Überzeugung, durch den nötigen Einsatz und die entsprechende Beharrlichkeit nahezu jedes gesteckte Ziel erreichen zu können, hat Franz Beckenbauer immer wieder eindrucksvoll durch sein Handeln und letztendlich durch seine Erfolge bewiesen. Franz Beckenbauer hatte immer große Ziele, die durch Disziplin und Konzentrationsfähigkeit in die Realität umgesetzt wurden. Er hatte die Überzeugung, dass hinter jedem Erfolg Beharrlichkeit und harte Arbeit stecken. Disziplin und Ordnung sind Wesenseigenschaften, zu denen er steht und die er in seinem Leben umgesetzt hat. Sein Wille, etwas zu leisten, sich für etwas einzusetzen, selbst aktiv zu werden, verbindet ihn mit zahlreichen anderen Persönlichkeiten.

> „Erfolg hat nur, wer etwas tut, während er auf den Erfolg wartet."
> *Thomas A. Edison*

Das wahre Kennzeichen eines Champions ist seine Beständigkeit. Denn wer will nur ab und zu gute Resultate erzielen? Wer möchte sich nur für einen Augenblick gut fühlen, nur ab und an eine Spitzenleistung erbringen? Wie erreichst Du Beständigkeit? Ganz einfach: Indem Du tust, was Du tun musst! Indem Du ins Handeln kommst, indem Du beharrlich Dein Handeln beibehältst.

Gewinner sind Menschen, die handeln. Verlierer sind Menschen, die immer nur darüber reden, einmal zu handeln!

Die Welt ist voller Menschen, die reden und nichts tun. Ich nenne diese Menschen deshalb Rede-Riesen und Handlungs-Zwerge. Wenn sie das machen, was die Besten der Besten tun, werden sie irgendwann zu ihnen gehören. Aber Du musst es eben auch ... tun!

Auch Wissenschaftler machen sich immer mehr Gedanken darüber, was Spitzenleistungen ermöglicht. Der Psychologe Anders Ericsson von der Florida State University hat sich der Frage zugewandt, was einen Menschen zur Ausnahmeerscheinung macht. Ist es eine überragende Intelligenz, die Shakespeare, Beethoven oder Einstein zum Genie reifen ließ? Ericsson ist davon überzeugt, dass er den „Mythos" des Übernatürlichen zerstören kann. Sein Kollege Michael Howe wiederum bemüht sich seit Jahren, die Legenden zu entlarven, die sich um das Leben der Goethes und Picassos ranken. „Bei genauer Betrachtung erweisen sie sich anderen Menschen gegenüber als erstaunlich ähnlich." So soll selbst Mozart, das Synonym des Wunderkindes, im Alter von fünf Jahren keine besseren Menuette komponiert haben, als es bei irgendeinem anderen Kind mit so intensivem Training zu erwarten wäre.

Howe und Ericsson sind der Meinung, dass ein Mensch weniger durch seinen genialen Geist als vielmehr durch harte Arbeit zur Ausnahmeerscheinung wird.

Hunderte von Ausnahmemusikern und Schachgroßmeistern, Spitzenforschern und medizinischen Koryphäen hat Ericsson interviewt. Sein erstaunliches Fazit: Viele von ihnen zeichnen sich kaum durch besondere Fähigkeiten aus. Weder beim Intelligenzquotienten noch bei Gedächtnistests schnitten sie überdurchschnittlich ab.

Wo liegt dann der Unterschied zwischen einer Ausnahmeerscheinung und einem Durchschnittsmenschen? In fast allen Fällen seien jene Physiker, Pianisten, Schachspieler und so weiter am erfolgreichsten, die am intensivsten trainiert und gelernt hatten, meist seit frühester Kindheit. Laut der Untersuchung von Ericsson dauert es zehn Jahre, bis der Mensch durch stetiges Üben auf einem Spezialgebiet zu jenen Leistungen fähig ist, die dann als Beweise schöpferischen Genies gewertet würden.

Die Universität von Marburg stellte bei einem Forschungsprojekt fest, dass hochbegabte Menschen (IQ über 130 – das sind nur zwei Prozent der Bevölkerung) durch Konzentration und Ausdauer schon früh in ihrer Entwicklung weniger abgelenkt waren und sich dauernd beharrlich ihren Aufgaben widmen konnten. Sie kamen zu dem Ergebnis, dass ein Genie aus Konzentration und Ausdauer hervorgeht.

> „Genie ist nichts als eine bedeutende Anlage zur Geduld!"
> Buffon, französischer Gelehrter

Ich habe seit 1986 circa 3000 Bücher und 600 Audio- und Video-Programme durchgearbeitet, darunter zahlreiche Biographien und Beschreibungen von Künstlern, Philosophen, Politikern, Religionsgründern, Sportlern und Wirtschaftsgrößen. Es drängte sich mir unabwendbar der Eindruck auf, dass bei ihnen Ausdauer und die Konzentration aller Kräfte auf das Lebensziel die Hauptgründe für ihre weltbewegenden Wirkungen waren. Ein Mangel an Beharrlichkeit ist jedoch gleichzusetzen mit einem Mangel an Selbstdisziplin. Nur wer sich selbst beherrscht, erlangt Einfluss auf seine Selbstbedingungen. Ja, es ist eine schwierige Aufgabe, Herr seiner selbst zu sein. Mangelnde Selbstdisziplin zeigt sich in folgenden Hauptpunkten:

- Kein Ziel, viele unwichtige Ziele, auch „Laber-Rhabarber-Ziele" zu haben.
- Nie zu beginnen.
- Bei den ersten Schwierigkeiten aufzuhören.

Der Optimist arbeitet!

Eines Tages fielen zwei Frösche in einen Krug mit flüssiger Sahne. Der eine der beiden Frösche fing wild an zu strampeln, denn er wollte den Krug so schnell wie möglich wieder verlassen. Nach einigen Minuten verließen ihn jedoch die Kräfte – er ergab sich seinem Schicksal und ertrank. Der andere Frosch war ein viel zu großer Optimist, als dass er aufgeben wollte, zum anderen hatte er die Fähigkeit zur Ausdauer, zur Beharrlichkeit. Er strampelte weiter und weiter, immer weiter und weiter. Schließlich wurde die Sahne langsam dick und dicker, sie wurde fest und fester, sie wurde zu Schlagsahne und schließlich zu Butter, so dass der Frosch jetzt wieder festen Grund unter seinen Füßen hatte und den Krug verlassen konnte.

Wer genügend Ausdauer und Hartnäckigkeit besitzt, wird letzten Endes suchen – und finden – und immer erfolgreich sein. Warte also nicht darauf, dass der Erfolg von selbst zu Dir kommt.

Das gibt es nur im Märchen. Schon Aristoteles Onassis hat gesagt: „Man darf dem Geld nicht hinterherlaufen – man muss ihm entgegengehen."

„Jeder Erfolglose ist reich – an Ausreden!" Dieses Zitat von mir hat mir schon so manche böse Kritik eingebracht. Doch steckt nicht viel Wahrheit in dieser Aussage?

Vor einiger Zeit war ich drei Stunden lang als Talk-Gast bei einer gern gehörten Radiosendung. Zwischen den einzelnen Fragerunden wurde jeweils etwa fünfzehn Minuten Musik gespielt, ehe neue Fragen an mich gestellt wurden, die ich zum Thema „Motivation und Erfolg" beantwortete. Zwischen den einzelnen Interviewblöcken, also während die Hörer zu Hause Musik hörten, konnten die Zuhörer im Studio anrufen und mir Fragen stellen.

Ein Mann, der anrief, klagte mir sein Leid: „Herr Höller, ich weiß nicht, was ich machen soll. Ich bin nicht einmal mehr verzweifelt. Ich habe eigentlich schon aufgegeben." Ich fragte ihn daraufhin, warum er denn aufgegeben habe. „Ich bin jetzt sechsundvierzig Jahre alt und seit achtzehn Monaten arbeitslos. Ich habe neunundfünfzig Bewerbungen geschrieben und immer noch keine Stelle gefunden. Die meisten Firmen haben nicht einmal geantwortet, geschweige denn mir meine Unterlagen zurückgeschickt. Ich glaube, ich bin einfach zu alt ... es hat einfach keinen Sinn mehr."

An seinem Tonfall und am Inhalt seiner Aussage hatte ich gemerkt, dass er wirklich resigniert hatte. Ich setzte deshalb eine NLP-Technik ein und schrie ihn durch den Radio-Sender an, was ihm denn einfalle, so unverschämt zu sein und nicht arbeiten zu wollen. Diese Technik brachte ihn dazu, seinen resignierten, depressiven Tonfall schlagartig zu ändern und mir wütend zu entgegnen, dass er natürlich arbeiten wolle, „die Gesellschaft" aber keine Arbeit mehr für ihn habe.

Daraufhin sagte ich ihm Folgendes: „Wenn sie arbeiten wollen, wenn sie wirklich arbeiten wollen, dann schreiben sie nicht neunundfünfzig Bewerbungen in achtzehn Monaten, sondern schreiben sie neunundfünfzig Bewerbungen pro Monat. Das macht zwei pro Tag ... das ist mit Hilfe eines modernen Computers kein Problem mehr. Und wenn sie

daraufhin immer noch keine Arbeit bekommen, schreiben sie neunundfünfzig Bewerbungen pro Woche ... das sind nur circa acht Bewerbungen
pro Tag, auch das ist mit einem Computer zu schaffen.

Wenn sie dann immer noch keine Stelle bekommen, dann laufen sie los,
in das Industriegebiet ihres Ortes, und klappern sie alle Firmen ab. Ziehen sie ihren besten Anzug an, lassen sie sich gut frisieren, tragen sie eine
geschmackvolle Krawatte und sauber geputzte Schuhe – und stellen sie
sich vor. Seien sie bereit, eine Arbeit anzunehmen, die vielleicht unter
dem Niveau ihrer letzten Arbeit liegt. Wenn auch das nichts nützt, dann
stellen sie sich nochmals bei den Firmen vor und bieten ihnen an, vier
oder fünf Tage kostenfrei zu arbeiten, damit die Firma einen Eindruck
von ihnen gewinnt, wie gut sie arbeiten können.

Dann wird Folgendes passieren: Vielleicht werden sie immer noch keine
Stelle bekommen, denn die meisten Firmen benötigen zur Zeit keine
Mitarbeiter. Vielleicht bekommen sie aber auch einen Job. Falls nicht,
macht das nichts. Wenn in diesen Unternehmen, in denen sie zur Probe
kostenfrei gearbeitet haben, wieder eine Stelle frei wird, weil jemand
krank wurde, die Firma floriert etc. – wen wird man wohl einstellen?
Wird man teure Anzeigen aufgeben und sich die Arbeit machen, aus
Massen von Bewerbungen den geeigneten Kandidaten herauszusuchen?
Wird man sich über das Arbeitsamt in der Regel nur relativ schlechte
Arbeitssuchende vermitteln lassen? Oder wird man sie, der ja bewiesen
hat, dass er zu außergewöhnlichen Einsätzen bereit ist, kontaktieren?"

Der Mann verstand und ich konnte am Tonfall seiner Stimme bei der Ver-
abschiedung erkennen, dass es in ihm zu arbeiten begann. Das Verblüf-
fende an dieser Geschichte war für mich jedoch, dass danach zahlreiche
wütende Anrufe von Arbeitslosen im Studio eintrafen, in denen ich
wüst beschimpft wurde, was mir einfalle, die Ärmsten der Armen – die

Arbeitslosen – dazu bringen zu wollen, auch noch umsonst zu arbeiten. Das wäre ja das allerletzte ...

„Erfolg hat drei Buchstaben: T – U – N!"

TUN

> „Erfolg hat drei Buchstaben: T – U – N!"
> *Jürgen Höller*

Hast Du verstanden, worum es geht? Positives Denken allein verändert überhaupt nichts. Wenn Du das nicht glaubst, stelle Dich doch vor Deinen vollen Tisch mit Arbeit, schließe die Augen und denke positiv: „Der Schreibtisch ist leer, der Schreibtisch ist leer, der Schreibtisch ist leer!" Und dann öffne die Augen wieder – ist er tatsächlich leer? Nein, Du musst verstehen, dass Du von einem positiven Denker zu einem positiv handelnden Menschen werden musst. Das positive Denken bringt nämlich tatsächlich nichts (hier muss ich den lieben Kritikern doch einmal recht geben), sondern nur das positive Handeln.

Selbst wer arbeitslos ist, sollte nicht tatenlos zusehen, keinesfalls warten bis sich ein Job anbietet. Außerdem sollte derjenige selbst aktiv werden, sich verändern.

Als John D. Rockefeller, der reichste Mann der Welt, 15 Jahre alt war, herrschte große Arbeitslosigkeit. Und so klapperte er alle freien Stellen ab.

„If you don't have a job, you'd better start doing something about it" ist die verbreitete Ansicht: „Wenn Du keinen Job hast, solltest Du schleunigst etwas dagegen tun."

„Bittet, so wird euch gegeben werden, suchet, so werdet ihr finden. Klopfet an, so wird euch aufgetan!"
Lukas

Fürstin Gloria von Thurn und Taxis ist ein gutes Beispiel für die Handlungs-Strategie. Als sie den Fürsten von Thurn und Taxis heiratete, der bereits im etwas fortgeschrittenen Alter war, lebte sie zunächst ihre verrückten Ideen und Vorstellungen aus. Schnell wurde sie dadurch bekannt und für einige Mitglieder des deutschen Adels geradezu zur Schreckgestalt. Dann starb der Fürst, und Fürstin Gloria musste die Geschäfte übernehmen. Erst da erkannte sie, dass es nicht zum Besten stand. Doch getreu ihrem Motto „Wünschen ist gut – etwas dafür tun ist besser" erarbeitete sie sich mit Fleiß und Ehrgeiz die Voraussetzungen, die sie in ihrer Position benötigte. Sie gesteht sich eindeutig ein, was sie kann und was sie nicht kann, und ist ständig bereit, noch mehr dazuzulernen. Sie macht für ihr Nichtwissen nicht irgendjemanden verantwortlich, sondern nimmt es selbst in die Hand, ihr Wissen zu erweitern: „Ich habe mich mit Betriebswirtschaft beschäftigt, dreimal in der Woche Unterricht genommen. Ich konnte ja nicht einmal Bilanzen lesen. Abends habe ich dann eben nicht mehr stundenlang ferngesehen, sondern habe im Bett meine Lehrbücher gelesen."

Fürstin Gloria folgt aber nicht nur dem Gesetz des Handelns, sondern auch dem Gesetz der Konzentration: Wenn sie eine Aufgabe übernommen hat, verschreibt sie sich dieser mit ihrer ganzen Energie, Einsatzbereitschaft und Leidenschaft. Dazu hat sie das große Talent, dass sie ungünstige Umstände von außen nicht als Katastrophe ansieht. Sie nimmt Krisen als Chancen wahr und nimmt die Herausforderung an, verwandelt auch negative Situationen in Erfolge: „Die Holzwirtschaft ist in einer Krise. Aber gerade hier ist gutes Management und Kreativität gefordert."

> „Das hätte ich auch tun können, brauchen die, die handeln, nie zu sagen."
> *Peter Ebeling*

„Aufschieberitis" ist eine der schlimmsten Krankheiten, die es gibt. Viele Menschen verwenden sie unbewusst, um Schmerz zu vermeiden. Die Krux an der Sache ist nur, dass Du Dir noch größere Schmerzen bereitest, wenn Du versäumst, rechtzeitig zu handeln.

Was schiebst Du zur Zeit auf?

Unternehmensziele

Sky is no limit

> „Das Geheimnis all derer, die Erfindungen machen, ist,
> nichts für unmöglich anzusehen."
> *Justus von Liebig*

Das dürfte vor allem der Grundsatz der Chemiker sein, von denen der zitierte Autor einer der bedeutendsten war. Das gleiche Anliegen verfolgen – in Zusammenarbeit mit den Pharmazeuten – selbstverständlich auch Ärzte, vor allem dann, wenn sie auf der Suche nach Medikamenten gegen bisher unheilbare Krankheiten sind. Jenes ist zum Beispiel dem englischen Arzt Edward Jenner gelungen, der vor zweihundert Jahren die erste Pockenschutzimpfung durchgeführt hat. Diese Impfung hat die Seuche so erfolgreich besiegt, dass in Europa sogar auf die Pflichtimpfung verzichtet werden kann. Doch in der Medizin warten immer wieder neue Probleme darauf, gelöst zu werden.

Jede Liebe macht erfinderisch.

Für die Liebe gibt es kein „unmöglich" und die Fantasie des Herzens reicht immer noch weiter als der findigste Verstand. Was hältst Du davon, Dich in Deine Aufgabe zu verlieben, der Du unternehmerisch nachgehst? Was gibt es, das es heute noch nicht gibt, das Dir dazu verhilft, einen absoluten Durchbruch im unternehmerischen Bereich zu erzielen? Es gibt viele Strategien, die Dich erfolgreicher machen.

Im Deutschen gibt es KVP, was nichts anderes als „Kontinuierlicher Verbesserungsprozess" heißt. Die Steigerung des Kundennutzens ist toll – sie bringt mehr Erfolg, Spitzenerfolg sogar, doch Marktführer wirst und bleibst Du nur, wenn Du Dir die Zukunft ausdenkst. Du musst Dinge erfinden. Und noch wichtiger: Du musst sie vermarkten – weil es diese Dinge heute noch nicht gibt. Alles andere ist ein „Herumdoktern" an bestehenden Dingen. So wurde Bill Gates beispielsweise der reichste Mann der Welt – weil er an den Personal Computer geglaubt hat. Doch die Frage ist natürlich: Wie entwickle ich etwas Neues?

Hierzu solltest Du Dir Gedanken machen. Wenn Du Dir diese Fragen immer wieder in regelmäßigen Abständen stellst, wirst Du ungewöhnliche Antworten erhalten. Diese ungewöhnlichen Antworten werden Dich, wenn Du es möchtest, zu ungewöhnlichem Handeln führen. Und ungewöhnliches Handeln führt zu ungewöhnlichen Ergebnissen. Und ungewöhnliche Ergebnisse werden von Deinen Kunden ungewöhnlich honoriert.

In den meisten Unternehmen gibt man den Mitarbeitern für ihre Bemü-
hungen keine Richtung vor, sodass sie keine Verantwortung für die
Wettbewerbsfähigkeit des Unternehmens besitzen. Kaum einer kann
über sich hinauswachsen und das berühmte „ein bisschen mehr" leisten –
und zwar jeden Tag, solange er nicht weiß, in welche Richtung es geht.

Hier noch einige Fragen, die Dir dazu verhelfen können, der Marktführer an Deinem Ort, in Deinem Gebiet, in Deiner Branche, in Deinem
Land, weltweit zu werden ...

Werde Marktführer in Deiner Branche

Du musst bei Deiner Zukunftsplanung nicht immer an komplizierteste
Dinge denken. Weil die Fehlmeinung herrscht, dass einfache Dinge nicht
zum Erfolg führen, machen wir uns an immer kompliziertere Dinge
heran. So wurde das Drachenfliegen erst dann erfunden, als wir bereits
mit riesigen Jumbojets von einem Kontinent zum anderen übersetzten.
Und so wurde

das Windsurfen erst dann erfunden, als wir bereits mit riesigen Ozean-
tankern über die Weltmeere schipperten.

Das Einfache, mit dem Du erfolgreich sein kannst, liegt oft so nahe. Es
liegt so nahe, dass Du es sehen kannst. Und weil Du es sehen kannst,
erkennst Du, wie einfach es ist. Und weil es so einfach erscheint, kann es
keinen Erfolg bringen. Oder warum nehmen viele Menschen ihre Chancen nicht wahr, die direkt vor ihnen liegen?

Die Zukunftsorientierung legst Du fest, indem Du Dir die Frage stellst: „Wie sieht die Zukunft in meiner Branche aus?" In fünf Jahren zählt nicht mehr, mit welchen Strategien und Ideen Du in der Vergangenheit erfolgreich warst. Das, was gestern erfolgreich machte, kann heute gerade noch funktionieren, könnte Dich aber morgen möglicherweise in den Ruin treiben. Darum bleib nicht stehen, sondern mache Dir hier und jetzt Gedanken, wohin die Reise gehen soll. Solltest Du Dich auf dem geschäftlichen Höhepunkt befinden (vielleicht auch schon heute), dann stelle Dein Unternehmen komplett auf den Prüfstand und erfinde die Zukunft neu. Tue so, als ob Du ein Unternehmen neu gründen würdest.

Was würdest Du tun?

Der Beste sein, die Marktführerschaft übernehmen, ein ungewöhnliches Produkt auf den Markt bringen und erfolgreich vermarkten – all das sind Gedanken, die große Energie in uns hervorbringen. Es sind Deine Glaubenssätze, die Dich begrenzen, und es sind Deine Glaubenssätze, die Dich befreien.

> „Jedes Ding erscheint zuerst lächerlich, dann wird es bekämpft, schließlich ist es selbstverständlich."
> *Arthur Schopenhauer*

Längst selbstverständlich sind U-Bahnen in unseren Großstädten, nachdem die erste Europas vor hundert Jahren in Budapest in Betrieb genommen wurde. Fußgängerübergänge hat man paradoxerweise unter die Erde verlegt. Wie wäre es, Autobahnen und Straßen künftig unterirdisch zu führen? Wie erlöst von Lärm und wie wohnlich würden dadurch die Städte werden, wie idyllisch würde die Landschaft sein! Natürlich lächerlich, Schnapsidee, unmöglich, viel zu teuer, undurchführbar – es geht nicht. Geht es nur deshalb nicht, weil wir es uns nicht vorstellen können?

Die Persönlichkeit einer Führungskraft

Ein Unternehmer oder eine Führungskraft sollte ein Macher sein, kein Problemlöser. Er sollte den Mitarbeitern zeigen, wie sie sich durchs „Unterholz" kämpfen und den Weg freimachen können. Doch oft läuft es in den Unternehmen folgendermaßen ab: Der Führer ist derjenige, der auf den höchsten Baum klettert, die ganze Situation von oben betrachtet und runterruft: „Hey, Leute, wir sind im falschen Dschungel!" Wir als einzelne, als Gruppen und Unternehmen sind oft so sehr damit beschäftigt, uns durchs Unterholz zu kämpfen, dass wir nicht merken, im falschen Dschungel zu sein – und reagieren oft so: „Halt die Klappe! Wir machen doch gute Fortschritte!"

Was wir heute in Firmen benötigen, ist eher eine Vision, also ein Zielpunkt, und einen Kompass (einen Satz von Prinzipien, Philosophien oder Richtlinien), statt weniger genaue Straßenkarten. Wenn das Machbare, das Wünschbare aus dem Blickfeld verdrängt wird, ist es unmöglich, eine große Vision zu verwirklichen. Politik mag vielleicht die Kunst des Möglichen sein, aber Führung ist die Kunst, das Unmögliche wahr zu machen.

Mahatma Gandhi, Martin Luther King und Abraham Lincoln waren in erster Linie Führer, dann erst Politiker. Wenn Du Deinen Mitarbeitern ein großes Ziel vorgibst und sie an der Verantwortung und Ausführung wirklich beteiligst, wirst Du erleben, wie diese Selbstverantwortung (mit einhergehender Selbstverwirklichung) die Menschen zu Höchstleistungen antreibt.

Die meisten Menschen sind mündig, kommunikativ, fleißig und viele gestalten aktiv ihr Umfeld – doch leider erst nach 17:00 Uhr! Du musst also all das vor 17:00 Uhr zulassen, was sie nach 17:00 Uhr immer tun –

und Du wirst gemeinsam mit Deinen Mitarbeitern den Erfolg verwirklichen, den Du Dir wünschst.

Es kann doch nicht wahr sein, dass wir Menschen, die ein Haus gebaut haben, in einer Familie mit drei Kindern erfolgreich leben, die jeden Monat Einkommen und Ausgaben genau planen, dass wir solchen Menschen in einem Unternehmen keine Verantwortung zutrauen.

Frage doch Deine Mitarbeiter, was sie alles in der Freizeit leisten – und nutze dieses kreative Potential für das Unternehmen! Sorge deshalb wenigstens dafür, dass alle Rösser Deiner Kutsche in eine Richtung ziehen – anstatt jedes in eine andere. Denn wenn jedes Ross in seine eigene Richtung zieht, wird die Kutsche entweder stehenbleiben und zerreißen oder das stärkste Ross zieht die Kutsche mit viel Anstrengung und Mühe langsam weiter in seine Richtung.

Und schließlich möchte ich Dich noch daran erinnern, worum es letztendlich bei einem Unternehmen geht: dass alle Beteiligten dieser Einrichtung ein Stück Glück und Zufriedenheit finden. Menschen verbringen den größten Teil ihrer wachen und bewussten Lebenszeit mit ihrer Arbeit. Deshalb ist es Deine Pflicht, ist es Deine Schuldigkeit, dafür zu sorgen, dass die Arbeit Spaß macht, dass die Mitarbeiter in einem angenehmen Umfeld arbeiten können, dass die Vision nicht zum Schaden des einzelnen ist, sondern im Nutzen der gesamten Gemeinschaft steht.

1. Aufgabe

1. Bitte schreibe auf, welche Kunden Du heute bedienst.

2. Welche Kunden wirst Du in fünf bis zehn Jahren bedienen?

3. Über welche Kanäle erreichst Du heute Deine Kunden?

4. Über welche Kanäle wirst Du Deine Kunden in der Zukunft erreichen?

5. Was ist heute die Grundlage für Deinen Wettbewerbsvorteil?

6. Was wird in fünf bis zehn Jahren die Grundlage für Deinen Wettbewerbsvorteil sein?

7. Worauf beruhen Deine Gewinne heute?

8. Worauf werden Deine Gewinne in der Zukunft beruhen?

9. Durch welche Fertigkeiten oder Fähigkeiten hebst Du Dich heute deutlich ab?

10. Durch welche Fertigkeiten und Fähigkeiten wirst Du Dich in fünf bis zehn Jahren deutlich abheben?

 **2. Aufgabe**

Stelle Dir vor, Dein Unternehmen existiert nicht. Stelle Dir weiter vor, Du sitzt jetzt vor einem Blatt Papier und machst Dir Gedanken darüber, wie Du Dir Dein Geschäft aufbauen solltest. Auf welcher Basis gründest Du Dein Unternehmen? Worin willst Du besser sein? Was ist die Revolution, die Innovation, weswegen die Kunden bei Dir und nicht bei den Mitbewerbern kaufen?

Suche Dir einen Coach!

Der eine „richtige" Coach?

Immer wieder werde ich von Seminarteilnehmern gefragt, ob ich denn selber einen Coach hatte. Meine Antwort darauf lautet: Ja natürlich!

Jeder, der erfolgreich werden will, braucht einen Spitzen-Coach. Und ich lernte, indem ich Seminare bei den besten Coaches besuchte.

Der Umgang, den wir pflegen, ist eminent wichtig für die Ergebnisse, die wir in unserem Leben erzielen. Zum anderen lehne ich es persönlich ab, sich zu stark und zu lange auf einen einzigen Coach zu konzentrieren, denn die Gefahr besteht darin, dass wir nicht nur von ihm lernen und uns positiv beeinflussen lassen, sondern zu sehr zu einer einzelnen Person aufschauen. Wie sagte doch Plato: „Glaubst Du, man könnte mit etwas in Bewunderung verkehren, ohne es nachzuahmen?"

Allgemein bringt es große Vorteile, sich von Menschen coachen zu lassen. Wenn diese Coaches Experten oder sogar Koryphäen auf ihrem

Spezialgebiet sind, kann man den Weg abkürzen und ihr Wissen in deutlich geringerer Zeit übernehmen.

Einen Coach haben

Auch ich hatte Coaches, von denen ich sehr viel lernen durfte. Nehmen wir beispielsweise Samy Molcho: Er war einer der größten Pantomimen der Welt, verabschiedete sich erst mit 54 Jahren von der aktiven Bühne, nahm eine Professur an der Universität für bildende Künste in Wien an und lehrte dort das Thema Körpersprache.

Gleichzeitig referierte er auch in Vorträgen und Seminaren über sein Spezialgebiet. Ich habe bei Samy mehrere Ausbildungen genießen dürfen – und ich genoss es nicht nur, ihn als äußerst sympathischen und vertrauenerweckenden Menschen kennenzulernen, sondern ich lernte auch unglaublich viel über das Gebiet der Körpersprache.

Oder Nikolaus B. Enkelmann, durch den ich die Macht des Unterbewusstseins erfahren durfte.

Auch mein erster Trainer P. A. Müller muss hier genannt werden: Als ich 1986 das erste 1-Tages-Verkaufsseminar besuchte (ich vergesse nie den Preis: 149 DM, veranstaltet von der IHK Würzburg), war ich von seinem Auftreten, von seiner Rhetorik und von seiner Fähigkeit, Menschen zu überzeugen, mehr als begeistert. In kürzester Zeit besuchte ich alle bei ihm angebotenen Seminare und eignete mir sein Wissen an.

Später, als ich aufgrund des geplatzten Börsengangs gezwungen war, die Firma Inline zu sanieren, stand an meiner Seite der Sanierungsexperte

Eberhard Wagemann und ich lernte wirklich fantastisches Know-how kennen, wie man in kürzester Zeit einen Turnaround schaffen kann.

Oder als ich 1990 mehrere Seminare bei Nikolaus Enkelmann besuchte und von ihm die Macht des Unterbewusstseins erfasste.

Heute bin ich der Coach für andere Spitzenkönner. So habe ich 56 Athleten auf dem Weg zu olympischen Medaillen, Europa- und Weltmeistertitel begleitet. Alle Olympia-Bundestrainer für die Olympiade 2000 habe ich mental geschult.

Und als die Zeitschrift „Erfolg" 2019 die Top-100 Trainer im deutschsprachigen Raum kürte, mit mir zum zweiten Mal auf Platz 1 im Bereich Erfolg, freute es mich sehr, dass von diesen 100 Trainern 54 bei mir Mitarbeiter waren oder meine Seminare besuchten, vor allem die Train the Trainer Ausbildung, darunter so erstklassige Speaker und Trainer wie zum Beispiel:

Dirk Kreuter, Jörg Löhr, Dr. Stefan Frädrich, Tobias Beck, Martin Limbeck, Klaus Fink, Patric Heismann, Marc Galal, Oliver Geißelbart, Christian Bischoff und viele andere.

Allein ist vieles möglich, mit dem RICHTIGEN Coach ist alles möglich!

WOHLSTAND

Das Mindset wohlhabender Menschen

Wie denken arme Menschen und wie denken reiche Menschen?

Es gibt drei unterschiedliche Schichten von Menschen (bezogen auf Geld und Reichtum), die ich Dir in dieser Lektion ein wenig näherbringen möchte:

1. Arme Menschen
2. Mittelschichtler
3. Reiche Menschen

Beginnen wir mit dem Beruf:
Arme Menschen: suchen oft einen Job, haben oft keinen Job, haben einen schlecht bezahlten Job.

Mittelschichtler: haben einen guten Job – typische Berufe sind z. B. Lehrer, höhere Beamte sowie Freiberufler und Selbstständige (Einzelkämpfer mit wenig Mitarbeitern).

Reiche Menschen: schaffen in der Regel Jobs für Mitarbeiter (sind also meist unternehmerisch tätig)!

Einkommen:
Arme Menschen: bekommen staatliche Unterstützung oder tauschen ihre Zeit für Geld (wenig Geld für viel Zeit), leben oft am Existenzminimum.

Mittelschichtler: haben ein gutes Einkommen und wenn sie mehr Geld haben wollen, arbeiten sie härter und länger.

Reiche Menschen: lassen Geld für sich arbeiten!

Fokussierung beim Einkommen:
Arme Menschen: möglichst viel pro Stunde bekommen.

Mittelschichtler: im Zweifelsfall lieber sicheres als höheres Einkommen (lieber Beamter bleiben, als mit einer Idee unternehmerisch tätig sein).

Reiche Menschen: tauschen ihr Wissen, ihr Know-how für Geld, fokussieren sich auf Reichtum!

Geldanlagen:
Arme Menschen: alles wird in Konsum ausgegeben, neuestes Handy, neuester Flachbildschirm.

Mittelschichtler: zuerst das Eigenheim, das in der Regel mit wenig Eigenkapital und hohen Hypotheken ermöglicht wird, später Festgelder, Anleihen, Lebensversicherungen, Bausparverträge (irgendwann investieren sie auch mal in Aktien und andere Anlagen, um endlich einen Anteil vom „Kuchen" zu bekommen – was in der Regel schiefgeht, z. B. der Börsengang der Deutschen Telekom).

Reiche Menschen: investieren in Sachwerte (aber immer ohne Schulden, also die eigene Immobilie immer komplett aus Eigenmitteln), außerdem in Firmenanteile, Aktien, Grund und Boden – Ziel: Wert erhalten, aber gleichzeitig möglichst hohe Renditen erzielen!

Wohnung/Haus:
Arme Menschen: leben in Wohnungen, träumen von Häusern (manche arme Menschen kaufen/bauen dann tatsächlich ein Haus, fast nur fremdfinanziert – und leben ein Leben lang in Armut, um die Zinsen für das Haus bezahlen zu können).

Mittelschichtler: sehen Eigenheim als größte Investition ihres Lebens, die als Altersabsicherung dienen soll – später ist die Überraschung groß, weil in das Haus immer wieder neu investiert werden muss, Unterhaltskosten sind recht hoch, irgendetwas läuft anders, als es ursprünglich geplant war.

Reiche Menschen: kaufen ein Haus erst dann, wenn sie über mindestens 50 % Eigenmittel verfügen oder am besten noch mehr. Wenn sie investieren, dann 10 % bis 12 % ihres Einkommens!

Reichtums-Strategie:
Arme Menschen: lassen sich schnell von Bekannten, Arbeitskollegen, Verwandten etwas aufschwatzen. Beispielsweise eine Lebensversicherung – die sie dann in den ersten Jahren wieder kündigen, weil sie es gar nicht durchhalten 20, 30, 40 Jahre lang jeden Monat 200 € zu sparen (mit dem Ergebnis, dass das gesparte Geld in dieser Zeit vollständig für Kosten draufgeht, sich also pulverisiert).

Mittelschichtler: verdienen möglichst viel und sparen möglichst sicher – und merken nicht, dass ihr Kapital aufgrund der geringen Zinserträge und der hohen Inflationsquoten immer mehr aufgezehrt wird.

Reiche Menschen: machen Geld, investieren ihr Geld und lassen dann Geld für sich arbeiten – und wenn sie in Sachwerte und Beteiligungen investieren, wird ihr Geld durch Inflation nicht weniger, sondern mehr wert!

Einstellung zum Wissen, das in diesem Buch vermittelt wird:
Arme Menschen: so ein Blödsinn. Jürgen Höller verarscht doch die Leute. Wenn das so einfach wäre.

Mittelschichtler: teilweise hat er schon recht, er selbst macht das ja für sich auch ganz gut, aber das kann man nicht auf alle überstülpen, denn so einfach ist es nun mal nicht.

Reiche Menschen: Jürgen Höller hat recht! Die Lebensgesetze funktionieren tatsächlich! Aber warum ist Jürgen Höller nicht noch ein bisschen optimistischer und größer, als er es eh schon ist?

Finanzielles Ziel:
Arme Menschen: irgendwann will ich schuldenfrei sein.

Mittelschichtler: möglichst viel Rente, um das Leben später noch genießen zu können.

Reiche Menschen: leben in finanzieller Freiheit – und weil die Tätigkeit Spaß macht, arbeiten sie bis ins hohe Alter!

Lebens-Strategie:
Arme Menschen: leben ohne Regeln, lassen sich treiben, reagieren nur.

Mittelschichtler: arbeiten nach vorgegebenen Regeln oder erstellen sich eigene Regeln, an die sie sich dann für immer halten.

Reiche Menschen: erfinden sich ständig neu! Erkennen den Status quo einfach nicht an! Machen die Regeln für andere!

Einstellung zum Lernen und Weiterbilden:
Arme Menschen: endlich ist die Schule vorbei, endlich nichts mehr lernen müssen. Wissen wird hauptsächlich durch TV, in Gesprächen mit anderen Armen und am Computer über Facebook gebildet.

Mittelschichtler: hohe Schulausbildung (oft Abitur), dann nach Möglichkeit studieren, also möglichst hohes, intellektuelles Wissen. Theoretisch hochgebildet – oft etwas praxisfremd.

Reiche Menschen: haben ihr Wissen oftmals auf der Straße erworben, haben ihre Erfahrungen also in der Praxis gemacht!

Einstellung bei Rückschlägen und Misserfolgen:
Arme Menschen: Ich bin halt ein Pechvogel. Warum immer ich? Ich bin das Opfer.

Mittelschichtler: Jetzt habe ich es probiert – und nun so ein Ergebnis. Für die Zukunft vermeiden sie dann möglichst alle Risiken.

Reiche Menschen: machen Erfahrungen! Lernen aus Rückschlägen! Werden gescheiter, wenn sie zwischendurch scheitern.

Investitionen:
Arme Menschen: haben nichts zu investieren, weil sie ihr Geld immer ausgeben.

Mittelschichtler: die größtmögliche Sicherheit, wollen ab und zu doch vom „Honig naschen" (also hohe Rendite wie die Reichen) – investieren dann garantiert in die falschen Anlagen und verlieren Geld.

Reiche Menschen: wollen schnell Reichtum und finanzielle Freiheit. Gehen dafür auch größere Risiken ein. Machen Fehler und scheitern, lernen daraus und werden am Ende noch viel reicher!

 **1. Aufgabe**

Bitte gehe jetzt nochmal die gesamte Liste durch und kreuze bei jedem einzelnen Punkt an, ob Du wie ein Armer, ein Mittelschichtler oder ein Reicher denkst.

	Denkweise eines Armen:	Denkweise eines Mittelschichtlers:	Denkweise eines Reichen:
Beruf:			
Einkommen und Fokussierung beim Einkommen:			
Geldanlagen:			
Wohnung/Haus:			
Reichtums-Strategie:			
Das Wissen in diesem Buch:			
Finanzielles Ziel:			
Lebens-Strategie:			
Lernen und Weiterbildung:			
Rückschläge und Misserfolge:			
Investitionen:			

 **2. Aufgabe**

Welche Erkenntnisse gewinnst Du aus dieser Übung?

 **3. Aufgabe**

Was tust Du, was veränderst Du, was verbesserst Du, wie handelst Du?

Der durchschnittliche Millionär

Was glaubst Du, wer und wie der typische Durchschnitts-Millionär ist? Der Amerikaner Thomas Stanley hat sich damit 35 Jahre beschäftigt und zu diesem Zweck hunderte von Millionären befragt (ein Millionär wird mit einem Nettovermögen von mindestens einer Million Dollar definiert). Seine Forschungsergebnisse, die er auch in seinem Buch „The millionaire next door" veröffentlichte, werden Dich möglicherweise überraschen, denn der typische Millionär ist so gänzlich anders, als Du ihn Dir aufgrund der Medien vermutlich vorstellst:

- 54 Jahre alt

- männlich

- hat ein Vermögen von ca. 5 Mio. Dollar

- die allermeisten sind nicht geschieden, haben im Schnitt drei Kinder und die Ehefrauen sind nicht berufstätig

- verdienen im Durchschnitt 500.000 Dollar (brutto) im Jahr

- ein Drittel der Millionäre sind selbstständige Unternehmer, die anderen sind Partner im Unternehmen oder im oberen Management angestellt

- sie arbeiten keineswegs rund um die Uhr, sondern genießen ihre Freizeit und ihr Familienleben

- sie haben viele soziale Kontakte

- ihre Hobbies sind keineswegs kostspielig, sondern „ganz normal", viele arbeiten gerne in ihrem Garten oder gehen handwerklichen Tätigkeiten in ihrem Haus nach

- sie geben für ein neues Auto nur durchschnittlich 50.000 Dollar aus

- sie haben eine absolute Abneigung gegenüber Schulden – niemals würden sie Konsumschulden aufbauen, sondern sie passen ihren Lebensstil ihrem Einkommen an

- sie leben im eigenen Haus, das sie meistens nicht selber gebaut, sondern gebraucht gekauft haben

- sie lieben die Arbeit, der sie nachgehen

- sie leben keineswegs auf einem hohen oder abgehobenen Niveau – eher normal

- Konsum ist für sie keine Form des Lebensstils

- es ist ihnen in erster Linie nicht wichtig, ein hohes Einkommen zu erzielen, sondern Wohlstand aufzubauen, deshalb sind viele auch bereit, auf ein hohes Einkommen zu verzichten, wenn sie zum Beispiel eine Beteiligung an der Firma erhalten können, in der sie tätig sind

Ganz schön überraschend, oder? Das typische Bild des Millionärs, das die Durchschnittsmenschen haben, ist ja komplett konträr:

- große Häuser

- große Autos

- Luxusreisen

- Designerklamotten

- usw.

Doch Henry Ford sagte einmal:

„Reich wird man nicht durch das, was man verdient, sondern durch das, was man nicht ausgibt!"

Ich möchte nochmal die für mich wichtigsten Punkte zusammenfassen, aus denen wir von den Millionären lernen können:

1. Nach Möglichkeit keine Schulden machen, schon gar nicht für Konsum!

2. Nicht das Einkommen entscheidet, ob man Millionär wird, sondern das, was vom Einkommen bleibt, also was man spart – und vermehrt!

3. Seine Arbeit lieben!

Wenn man die Punkte 1 und 2 genauer betrachtet, könnte man auch sagen: Wer Geld besitzt, für den arbeitet es Tag und Nacht. Wer kein Geld besitzt, der arbeitet oft Tag und Nacht.

Viele Menschen hoffen ja dadurch reich zu werden, dass „irgendetwas" passiert. Eine tolle Idee, eine Geschäftsgründung, eine Beförderung – und schon schwimmt man im Geld. Doch das Gegenteil ist richtig:

Die Millionäre von heute haben ein hohes Einkommen, leben „normal", sparen Geld – und lassen es schließlich für sich arbeiten. Arme Menschen geben ihr Geld ständig für alle möglichen Konsumdinge aus, die sie kurzfristig interessieren und begeistern – oft aber schon nach kurzer Zeit in irgendeiner Ecke landen. Dadurch fehlt ihnen der Grundstock, um Rücklagen zu bilden, die dann wiederum durch Zinsen, Rendite und Dividenden dafür sorgen, dass die Rücklagen sich vermehren.

Aber schon der große Schriftsteller (und Humorist) Mark Twain erkannte, dass viele Menschen anders denken und handeln:
„Von jetzt an werde ich nur noch so viel ausgeben, wie ich einnehme – und wenn ich mir dafür Geld borgen muss ..."

Zum Abschluss dieses Kapitels noch ein kleiner Exkurs zur bekannten Redewendung „Geld stinkt nicht!"
Der römische Kaiser Vespasian (9–79 n. Chr.) führte die Latrinensteuer ein, weil unter Vorgänger Nero gewaltige Schulden angehäuft wurden. Als sich sein Sohn Titus daraufhin bei ihm beschwerte, hielt Vespasian ihm das so eingenommene Geld unter die Nase und fragte ihn, ob es denn stinke.

Als Titus dies verneinen musste, war die lateinische Feststellung „pecunia non olet" (= Geld stinkt nicht) geboren.

Das Mindset eines Millionärs

Als ich das erste Buch übers Thema „Geld" las, erkannte ich zwar, dass ich zu diesem Zeitpunkt bereits über ein siebenstelliges Jahreseinkommen verfügte, mein Vermögen im Vergleich zu meinem Einkommen aber zu gering war.

Als ich mich dann stärker damit auseinandersetzte, stellte ich fest, dass ich teilweise noch nicht die Glaubenssätze der Millionäre verinnerlicht hatte. Und aus den bisherigen Kapiteln weißt Du, dass sich die in Deinem Unterbewusstsein programmierten Glaubenssätze (= Innen) auch im „Außen" materialisieren. Hier mal eine Auswahl unterschiedlicher Glaubenssätze und Denkweisen der Millionäre im Vergleich zu armen Menschen:

Denkweise: Armer Mensch	Denkweise: Millionär
Ich verdiene es, etwas zu besitzen!	Ich verdiene es, Millionen zu besitzen!
Ich lebe, um zu überleben!	Ich lebe, um zu gewinnen!
Um Geld zu haben, muss ich erst etwas leisten und arbeiten!	Geld und Reichtum fließen mir zu.
Ich spare Geld.	Ich investiere Geld.
Was kostet mich diese Investition?	Was bringt mir diese Investition?
Geld ist nicht alles!	Geld ist die wunderbarste Sache der Welt.
Geld bringt Verpflichtungen!	Geld macht frei!
Um reich zu werden, muss man auch die Ellenbogen einsetzen oder mal andere ausnutzen!	Wenn man reich ist, gibt man der Welt viel Nutzen!
Reiche sind unmoralisch!	Wer reich ist, hat hohe moralische Werte!
Arme Menschen umgeben sich mit armen Menschen!	Reiche Menschen suchen den Umgang mit anderen reichen Menschen!
Auf der Welt herrscht viel Mangel und Armut!	mit Geld kann ich Gutes tun
Arme Menschen wollen mehr verdienen, um mehr ausgeben zu können!	Reiche Menschen konzentrieren sich auf ihren Reichtum, ihr Vermögen!
Geld stinkt!	Geld stinkt nicht! („pecunia non olet")

Wir könnten jetzt noch viele weitere Glaubenssätze aufzählen, bei denen Millionäre und arme Menschen vollkommen unterschiedlich denken, aber wahrscheinlich ist Dir mittlerweile klar, worum es geht: um Deine Einstellung hinsichtlich eines großen Vermögens!

Viele arme Menschen glauben, dass sie nicht unbedingt ein großes Vermögen anstreben müssen, weil sie ja mit einem kleinen schon ganz zufrieden wären. Doch wer so denkt, begrenzt sich – und wer sich begrenzt, zieht genau die Ergebnisse dieser Begrenzungen an = Armut!

George Bernard Shaw sagte einmal:
„Es stimmt, dass Geld nicht glücklich macht. Allerdings meint man damit das Geld der anderen …"

Fjodor Michailowitsch Dostojewski meinte einmal:
„Geld ist geprägte Freiheit!"

 **1. Aufgabe**

Nimm Dir bitte ein paar Minuten Zeit und schreibe Dir auf, welche Glaubenssätze Du bisher in Bezug auf Geld, Reichtum und Millionenvermögen besitzt!

 **2. Aufgabe**

Und nach welchen neuen Glaubenssätzen lebst Du ab sofort?

3. Bitte sprich für die Dauer der nächsten sechs Monate täglich zehnmal nacheinander laut und deutlich, am besten vor einem Spiegel, während Du in Deine eigenen Augen schaust, folgende Wohlstandssuggestion:

Ich lebe stets in Überfluss und Fülle!

Wiederhole diese Autosuggestion immer wieder und wieder. Im Laufe der Zeit baust Du Dir auf diese Weise ein absolutes Wohlstands- und Reichtumsbewusstsein auf.

Das 3-Schalen-Brunnen-Modell

Das 3-Schalen-Brunnen-Modell, das ich Dir nun vorstellen möchte, ist ganz einfach: Zuerst gilt es, die oberste Schale Deines Brunnens mit Flüssigkeit (= Vermögen) zu füllen. Wenn die Schale voll ist, wird automatisch die zweite Schale gefüllt und schließlich die dritte.

Die erste Schale des Brunnens trägt die Bezeichnung „Finanzielle Sicherheit", die zweite Schale heißt „Finanzielle Unabhängigkeit" und die dritte ist die Schale von „Reichtum und Wohlstand".

1. Schale „Finanzielle Sicherheit":

Ich habe zweimal erlebt, dass ich – materiell gesehen – alles verloren habe, was ich besaß. Deshalb weiß ich aus eigener Erfahrung, vor allem, weil ich gegen diese Regel selber verstoßen habe, wie wichtig die finanzielle Sicherheit ist. Erst wenn die finanzielle Sicherheit gewährleistet ist, können die nächsten Ziele, die finanzielle Unabhängigkeit und schließlich das Ziel von Reichtum und Wohlstand, angepeilt werden.

Im ersten Schritt gilt es, Deine monatlichen Mindestausgaben zu definieren. Was benötigst Du für Nahrungsmittel, Wohnung, absolut notwendige Kleidung, Ausgaben für Kinder, Beförderungsmittel? Bitte beschränke Dich dabei auf das Minimum an notwendigen Ausgaben.

Es geht darum, Folgendes zu wissen: Welche monatlichen Mindestmittel benötigst Du, um überleben zu können, solltest Du in eine finanzielle Notlage schlittern?

Die monatlichen Mittel, die Du für Deine finanzielle Sicherheit benötigst, werden dann mit 12 multipliziert. In einer Notlage kann es durchaus ein Jahr dauern, in dem Du erst mal klare Gedanken fassen musst, wieder aufstehst, neue Ziele setzt, die ersten Schritte einleitest und so weiter. Um hier nicht in operative, planlose Hektik zu verfallen und den Kopf auch wieder freizubekommen, halte ich ein Jahr für absolut notwendig.

Diese Mittel solltest Du nicht in Aktien, Wertpapiere etc. investieren und sie auch nicht auf Deinem Bankkonto einzahlen. Aus einem noch nicht vorhersehbaren Grund kann es passieren, dass alle Mittel, zum Beispiel auch Bankkonten, eingefroren werden oder Schließfächer und Tresore in Banken nicht geöffnet werden können/dürfen. Man denke nur daran, dass irgendwann eine Währungsreform eintritt – dann werden auf gesetzliche Veranlassung hin erst mal alle Banken komplett geschlossen sowie alle Bankguthaben eingefroren. Oder irgendein Gläubiger schafft es, dass all Deine Konten gesperrt werden – dann bist Du nicht mal in der Lage, Geld abzuheben, um Deinen täglichen Nahrungsmitteleinkauf zu tätigen. Es ist also besser, die Mittel für die finanzielle Sicherheit anderweitig aufzubewahren. Reiche Menschen haben nicht umsonst einen gut versteckten Safe zu Hause! Und viele reiche Menschen halten einen kleineren Teil ihrer Mittel (= finanzielle Sicherheit) auch immer in Form von absolut wertbeständigen Materialien wie Gold und Silber. Gold ist das älteste Tauschmittel der Welt und egal, welche Krisenzeiten auftauchen sollten, für Gold wird man immer etwas bekommen, Gold wird immer werthaltig sein, Gold wird niemals ganz wertlos. Das Gleiche gilt für Silber.

2. Schale „Finanzielle Unabhängigkeit":

Wenn Du die finanzielle Sicherheit erreicht hast, ist es an der Zeit, Deine zweite Brunnenschale zu füllen: Deine finanzielle Unabhängigkeit. Zu diesem Zweck berechnest Du Deine notwendigen Ausgaben für Nahrungsmittel, Wohnung, Bekleidung, Beförderung, Versicherung etc., die Du benötigst, um überleben zu können.

Wenn Du diese Summe bis an Dein Lebensende jeden Monat bekommen würdest, wärst Du finanziell bereits unabhängig, das heißt, Du könntest arbeiten, was immer Du willst, wie lange Du willst, wo Du willst – denn Dein Mindesteinkommen ist ja bereits gesichert.

Nimm diese monatliche Mindestsumme und multipliziere sie mit 200. Das ist der Kapitalstock, den Du aufbauen musst, um Deine monatliche Rendite, die Dich finanziell unabhängig macht, bei einer normalen Rendite (ca. 6 %) zu erhalten.

Wenn Du diese zweite Brunnenschale gefüllt hast, gehörst Du bereits zu den 5 % der privilegierten Menschen, die von ihren Renditen, Dividenden und Vermögenserträgen leben können. Einen solchen Zustand erreicht zu haben, macht frei. Und wer frei ist, hat keine Angst. Und wer keine Angst hat, denkt positiver – und zieht mehr und mehr Positives an. Wer die zweite Stufe der finanziellen Unabhängigkeit einmal erreicht hat, wird auch seine dritte Brunnenschale „Reichtum und Wohlstand" fast automatisch und mit weniger Mühe füllen können. Und zwar schneller, als Du zu Beginn vielleicht geglaubt hast!

3. Schale „Reichtum und Wohlstand":

Rechne aus, welche monatliche Summe Du benötigst, um ein Leben in Reichtum und Wohlstand führen zu können. Wie viel Geld benötigst Du für Urlaub, fürs Ausgehen, für Kleider, Kosmetik, Gesundheit, Kinder und Enkelkinder, Unterkunft, Beförderung, Luxusausgaben und so weiter?

Die von Dir ermittelte Summe multiplizierst Du mit 200 – so ermittelst Du den Kapitalstock, den Du benötigst, um diese monatlichen Erträge bei einer Rendite von 6 % zu erwirtschaften.

Und zwar reden wir hier von monatlichen Erträgen, die Du erwirtschaftest, ohne Deinen Kapitalstock angreifen zu müssen. Denn der Kapitalstock ist ja nichts anderes als Deine goldene Gans, und die monatlichen Erträge sind die goldenen Eier, die Deine Gans permanent legt. Doch wenn Du gierig wirst, Dir die goldenen Eier nicht mehr reichen und Du anfängst, Deine goldene Gans zu schlachten – dann ist es nur noch eine Frage der Zeit, bis Du keine mehr hast. Der Kapitalstock wird niemals angetastet! Lediglich die erzielten Erträge werden zur Deckung der Kosten herangezogen.

Und dann kannst Du noch einen Schritt weitergehen und wagen, die absolute und unbegrenzte finanzielle Freiheit anzudenken:

Was wäre wirklich das traumhafte Leben, das Du gerne führen würdest? Welche Abenteuer würdest Du erleben, welche absoluten Luxusdinge besitzen?

Und welches monatliche Einkommen benötigst Du dafür?

Multipliziere dieses gewünschte Traumeinkommen erneut mit 200 und ermittle so den Kapitalstock, den Du für ein Leben in absoluter finanzieller Freiheit, Unabhängigkeit, in Wohlstand und Reichtum benötigst.

To-do-Liste

 **1. Aufgabe**

Finanzielle Sicherheit: Bitte liste hier Deine notwendigen Mindestausgaben auf, die Du in einer Notlage monatlich benötigen würdest:

Kostenposition	Betrag in €
Nahrungsmittel (als Getränk gibt es in dieser Phase nur Wasser)	
Wohnung (eventuell kann die Wohnungsmiete oder auch die Hypothekenbelastung ausgesetzt oder gestundet werden)	
Absolut notwendige Kleidung	
Kosten für Kinder (Schule, Ausbildung)	
Beförderungsmittel	
Sonstiges absolut Notwendiges	
Monatlicher Gesamtbetrag	
x 12 Monate Absicherung = **Summe für die finanzielle Sicherheit**	

 **2. Aufgabe**

Finanzielle Unabhängigkeit: Was benötigst Du, um bis an Dein Lebensende leben zu können (ich spreche von „leben können" und nicht von Luxus!):

Kostenposition	Betrag in €
Getränke	
Nahrungsmittel	
Wohnung/Haus	
Kleidung	
Kinder/Enkelkinder	
Beförderungsmittel	
Ausgehen	
Weiterbildung	
Gesundheit	
Versicherungen	
Neuanschaffungen	

Sonstiges	
Monatlicher Gesamtbetrag	
mit Faktor 200 multiplizieren = **benötigter Kapitalstock zur finanziellen Unabhängigkeit**	

3. Aufgabe

Reichtum und Wohlstand: Welche zusätzlichen Luxusausgaben (im Vergleich zu „Finanzielle Unabhängigkeit") würdest Du Dir wünschen, um ein wunderbares Leben führen zu können? Weitere Mittel für Urlaube, Ausgehen, Luxus und so weiter? Schreibe jetzt den monatlichen Gesamtbetrag auf:

Zusätzliche Luxusausgaben	Betrag in €
Monatlicher Gesamtbetrag für zusätzliche Luxusausgaben	
mit Faktor 200 multiplizieren = **benötigter Kapitalstock für ein Leben in Reichtum und Wohlstand**	

Zusätzliche Luxusausgaben	Betrag in €
Traum-Zustand: Welchen monatlichen Betrag würdest Du benötigen, um ein absolut traumhaftes Leben in Reichtum, Wohlstand, finanzieller Freiheit führen zu können?	
mit Faktor 200 multiplizieren = **benötigter Kapitalstock für ein Leben in absolutem finanziellen Reichtum und Wohlstand (finanzielle Freiheit)**	

Das 5-Konten-Modell

Starten wir mit einem Witz:

Erwin freut sich: „Super, meiner Frau wurde vor zwei Wochen die Kreditkarte geklaut."

Sein Freund ist verblüfft: „Und darüber freust Du Dich auch noch?"

„Na klar", antwortet Erwin. „Der Dieb gibt ja schließlich viel weniger Geld aus als meine Frau ..."

Das folgende Modell der fünf Konten habe ich in ähnlicher Art und Weise bei unterschiedlichen Autoren/Referenten gefunden. Ob bei Bodo Schäfer, T. Harv Eker, Anthony Robbins, Robert Kiyosaki oder anderen – daher leuchtete mir ein, dass es ein richtiges und gutes System sein muss. Also habe ich es vor einigen Jahren umgesetzt und empfehle es seither auch immer wieder in meinen Seminaren.

Viele meiner Kunden sind selbstständig. Oft besteht bei Selbstständigen die Gefahr, dass das Firmenkonto mehr oder weniger auch als Privatkonto genutzt wird. Oder anders ausgedrückt: Firmeninhaber vermischen Geschäftliches oft mit Privatem!

Hier zwei Beispiele:

- Ein Gastwirt hat jeden Abend 500 € in seiner Kasse. Die entnimmt er und gibt sie regelmäßig aus. Zwar gelingt es ihm noch, seine geschäftlichen Ausgaben zu tilgen, doch ein Jahr später ist das Dilemma da: Das Finanzamt verlangt plötzlich, unverschämterweise, auch noch Steuern auf die erzielten Gewinne, also hat der Gastwirt ein Problem!

- Ein Fitnessclub-Besitzer zahlt sich nur eine spärliche Summe seiner Gewinne als Privatentnahme aus. Er investiert seinen Gewinn immer wieder zurück in das Unternehmen. Er kauft beispielsweise neueste Maschinen, vergrößert sich etc. Alles in der Hoffnung, die große Belohnung zu erhalten, wenn er sich eines Tages in den Ruhestand zurückziehen möchte – sprich: Er möchte einen hohen Verkaufspreis für sein Unternehmen erzielen. Doch wie so oft läuft es anders: Entweder man findet keinen Käufer, der bereit ist, die angemessene Summe zu bezahlen, oder genau zu dem Zeitpunkt, an dem man verkaufen will (oder auch muss), ist das Unternehmen in eine Krise geraten und demzufolge wenig/nichts wert (obwohl vielleicht der innere Substanzwert, sprich die Betriebs- und Geschäftsausstattung, durchaus einen höheren Wert besitzt). Und schon steht unser Fitnessclub-Besitzer im Alter plötzlich ohne ausreichende Mittel da – obwohl er immer fleißig war und immer reinvestiert hat.

Kommen wir zur Umsetzung mit verschiedenen Praxistipps:

1. Bezahle Dich wie einen Fremden

Überlege Dir gut, was Du für das Unternehmen leistest und welchen Wert Du hast. Was müsstest Du für einen Mitarbeiter zahlen, der das gleiche Know-how besitzt und den gleichen Zeiteinsatz bringt? Und warum solltest Du Dich schlechter bezahlen als jeden Mitarbeiter? Zahle Dir also zunächst ein angemessenes Gehalt und erhöhe es regelmäßig – wie es bei jedem Mitarbeiter üblich wäre.

Und noch ein Tipp: In der Regel entnimmt ein Selbstständiger sein „Gehalt" immer dann, wenn es die entsprechenden Mittel des Unternehmens zulassen.

Weil der Erfolg eines Unternehmens aber schwankt, sind die Entnahmen mal höher, mal geringer – und dementsprechend fällt auch die private Sparquote aus.

Mein Tipp: Lege eine durchschnittliche Entnahme für Dein „Gehalt" fest und überweise diesen Betrag per Dauerauftrag von Deinem Firmenkonto auf Dein Privatkonto. Passe dieses Gehalt jährlich den Gegebenheiten an, sprich: Passe Dein Gehalt dem Betriebserfolg so an, dass es das Unternehmen einerseits nicht belastet und Du andererseits den angemessenen Lohn für Deine Arbeit erhältst.

2. Betriebsgewinn

Natürlich solltest Du als Unternehmer bestrebt sein, nicht nur Dein Gehalt zu verdienen (dann könntest Du ja mit Deinem Know-how auch ohne Risiko für ein anderes Unternehmen arbeiten), sondern einen angemessenen Betriebsgewinn zu erzielen. Durch den Gewinn verzinst sich das eingesetzte Kapital und das bedeutet einen angemessenen Ausgleich für das eingegangene Risiko. Du kannst also jährlich am Jahresende anhand des vorhandenen „Cashs" sehen, welche Erträge in etwa entstanden sind (Du kannst natürlich auch auf Deine BWA/Bilanz schauen, aber die verfälscht das korrekte Bild oft – entscheidend ist, was an Mitteln tatsächlich vorhanden ist).

Mein Tipp: Ziehe maximal 35 % bis 40 % des Betriebsgewinnes, der jährlich entsteht, als Gewinnentnahme aus dem Unternehmen. Der Rest bleibt bitte für Steuern, Neuinvestitionen, anfallende Rücklagen und für schlechte Zeiten im Unternehmen. Das ist vergleichbar mit einer Privatperson, die 6 bis 12 Monate ohne Einnahmen weiterleben können sollte (= finanzieller Schutz). Das gilt natürlich auch für ein Unternehmen.

Also: Welche Fixausgaben hat Dein Unternehmen pro Monat und welche Summe wird Dein Unternehmen benötigen, um mindestens sechs Monate ohne Einkünfte durchhalten zu können?

Warum sollst Du die Steuern nicht auch entnehmen und dann später zahlen? Weil die Praxis einfach zeigt, dass Entnahmen, die auf dem Privatkonto landen, für irgendwelche sonstigen Dinge ausgegeben werden – und später nicht mehr für die Steuer zur Verfügung stehen.

Daher mein Tipp: Lass 60 % bis 65 % des Betriebsgewinnes für Steuern, Investitionsrücklagen etc. im Unternehmen.

3. Spaß

Neben dem Arbeiten und Sparen/Investieren sollten wir uns natürlich auch ein wenig Spaß gönnen. Warum leben wir denn sonst? In unserer Familie handhaben wir es so, dass wir 20 % unseres frei verfügbaren Einkommens für Spaß ausgeben (Urlaube, Ausgehen, mal ein Luxuswochenende, toll Essen gehen, mal einen Designerfummel kaufen und so weiter). Diese Quote ist hoch, aber unser gesamtes Familieneinkommen liegt eben auch in einem entsprechend hohen Bereich. Generell sollte man seine persönliche „Spaß-Quote" für sich festlegen und sie dem Einkommen anpassen. Das Minimum sollten 5 % sein – das Maximum liegt bei 20 %.

Top-Tipp: Mittlerweile haben etliche Seminarteilnehmer von mir den Tipp umgesetzt, jeden Abend ein „Sparschwein" (bei mir war das immer eine leere Drei-Liter-Asbachflasche, die ich als Jugendlicher mit Freunden geleert hatte) mit den Geldstücken aus dem Portemonnaie zu füttern. Du öffnest abends also Dein Portemonnaie, nimmst alle Münzen heraus und wirfst sie in Dein Sparschwein (ich persönlich lasse immer eine Euromünze drin, man weiß ja nie, wann sie für die Toilette, für die Parkuhr oder für den Einkaufswagen benötigt wird). Innerhalb von ein bis zwei Jahren ist die Asbachflasche bei mir randvoll – und darin befinden sich ca. 1.500 bis 1.700 €.

Dieses Entleeren des Hartgeldes tut nicht weh, fällt Dir nicht auf, somit wird es Dir nicht fehlen. Es landet einfach in dem Sparschwein – und wenn es voll ist, „haust Du diesen Betrag auf den Kopf". Du gehst ganz teuer mit Deinem Schatz essen, verbringst ein oder zwei Nächte in einem Fünf-Sterne-Luxushotel in Berlin, Ihr macht einen Kurztrip nach London, kauft einen sündhaft teuren Designerfummel oder Du (wenn Du ein Mann bist) schenkst Deiner Frau eine Designer-Handtasche und Dir vielleicht eine neue Uhr etc. Ganz wichtig: Das Geld, das Du für den Faktor „Spaß" zurücklegst, muss auch für Spaß ausgegeben und nicht etwa in das Haushaltsgeld oder in die Sparquote übernommen werden. Auf diese Weise empfindet Dein Unterbewusstsein eine Art von Freude, die es immer und immer wieder empfinden möchte – und sorgt so dafür, dass Du die richtigen Entscheidungen triffst, dass Du ins Handeln kommst, dass Dein Spaßkonto immer stärker gefüllt wird und sich nebenbei auch Deine Sparquote ständig erhöht.

4. Denke an Spenden!

John D. Rockefeller, der nach heutiger Kaufkraft seinerzeit über ein Vermögen von 384 Milliarden Dollar verfügte (und damit der reichste Mann aller Zeiten war), war ein sehr christlicher Mensch. In der Bibel las er, dass man den „Zehnten" seines Einkommens spenden sollte – und im Alter von 14 Jahren führte er diese Praxis bei sich ein. Von jedem Dollar, den er verdiente, spendete er 10 %. Und obwohl er auf diese Weise sehr viel spendete, wuchs sein Vermögen immer mehr an. Wenn der mit

Abstand reichste Mann aller Zeiten den zehnten Teil seines Einkommens gespendet hat, kann diese Praxis nicht so falsch sein.

In den meisten Biographien der reichen Menschen liest Du, dass sich die Mehrzahl frühzeitig und kräftig sozial engagierte. Weniger mit Zeit (diese investierten sie in den Aufbau ihrer Unternehmen und Vermögen), sondern vielmehr mit großzügigen Spenden. Gerade im reichsten Land der Erde, den USA, ist die Spendenbereitschaft enorm hoch.

Aber warum ist spenden so wichtig – nicht nur für die Empfänger, sondern auch für den Spender? Wer spenden kann, muss auch etwas haben, denn ich kann nur das hergeben, was ich besitze. Wer abgeben kann, geht davon aus, dass wieder neues Geld (und noch viel mehr) hereinkommt. Wer spendet, hat also positive Glaubenssätze zu seinem zukünftigen Einkommen und Vermögen. Und genau diese Botschaft gibt der Spender an sein Unterbewusstsein weiter: Ich bin wohlhabend, ich weiß, dass neues und noch mehr Geld in Zukunft hereinkommt, ich bin mir absolut sicher, dass mein Vermögen sich auch in Zukunft kräftig steigert – und deshalb kann ich mit Freude 10 % meines Einkommens abgeben!

Diejenigen, die meine Seminare bereits besucht haben (falls nicht: Ich lege Dir wirklich dringend ans Herz, Dich möglichst schnell dafür anzumelden – weitere Informationen dazu auf meiner Homepage www.juergenhoeller.de), wissen, dass das Unterbewusstsein alles ausführt, was einprogrammiert wird. Auch Kerstin und ich spenden regelmäßig große Teile unseres Einkommens. So haben wir 2013 die „Jürgen Höller Stiftung" gegründet, die es sich zur Aufgabe gemacht hat, Schulen für arme Kinder in Afrika zu bauen. Innerhalb von fünf Jahren ist es uns gelungen, 20 Schulen zu finanzieren und wir haben eine große Vision: In 50 Jahren 1000 Schulen für Kinder in der dritten Welt zu bauen!

Wenn das Unterbewusstsein also die Programmierung „Geld ist ausreichend vorhanden, neues Geld kommt mehr als im Überfluss herein" erhält, wird es auch genau diese Programmierungseingabe ausführen. Dein Unterbewusstsein wird Mittel und Wege finden, dass Du die richtigen Entscheidungen triffst, dass Dir die richtigen Ideen kommen, dass Du die richtigen Handlungsweisen ausführst, dass Du ausreichend Energie besitzt, um diese Programmierung zu erfüllen.

Das passende Lebensgesetz ist uralt und stand schon vor 6.000 Jahren auf einer Smaragdtafel, die man beim Öffnen des Grabes von Hermes Trismegistos fand: Das Lebensgesetz „wie innen, so außen" – entsprechend der Programmierung des Unterbewusstseins wird sich im Außen alles manifestieren.

Ein kleiner Witz zum Thema Spenden:
Ein Schwabe macht Urlaub in Österreich. Beim Wandern fällt er mit seiner Ehefrau in eine Gletscherspalte. Am nächsten Tag werden die beiden vom Rettungsdienst gesucht und schließlich gefunden. Eine Stimme ruft von oben in die Gletscherspalte hinein: „Hören Sie mich, leben Sie noch? Wir sind vom Roten Kreuz!"
Antwort des Schwaben: „Mir gäbed nix."

Empfehlung für die Aufteilung der Konten:

1. Konto: Firmenkonto

(Wenn Du keine Firma besitzt, sondern angestellt bist, gehst Du bitte direkt weiter zum 3. Konto „Privat").
Im Firmenkonto werden alle Umsätze des Unternehmens vereinnahmt und alle Rechnungen bezahlt. Tipp von mir: Bezahle Deine Rechnungen

„sswim" = so schnell wie irgendwie möglich. Zum einen kannst Du auf diese Weise oft drei Prozent Skonto abziehen, zum anderen gibst Du dem Universum positive Signale, sodass auch Deine Rechnungen schneller bezahlt werden.

2. Konto: Unterkonto für die Firma

Vom Firmenkonto aus werden 60 % bis 65 % der Gewinne auf dieses Unterkonto eingezahlt. Das Unterkonto sammelt das Geld für drei größere Ausgaben:

- Steuern
- Neuinvestitionen
- Rücklagen als finanzieller Firmenschutz

Sollte der finanzielle Schutz im Laufe der Zeit (notwendige Mindestausgaben des Unternehmens für 6 Monate) übererfüllt sein, kann der überschießende Betrag von Zeit zu Zeit zusätzlich als Privatentnahme entnommen werden.

3. Konto „Privat"

Vom ersten Konto „Firma" wird Dein „Gehalt" monatlich (per Dauerauftrag!!!) auf dieses Privatkonto überwiesen. Außerdem werden einmal pro Jahr, wenn der Firmengewinn feststeht, 30 % bis 35 % von den Gewinnen auf das Privatkonto überwiesen. Von diesem Privatkonto werden dann alle Kosten für die private Lebensführung beglichen, zum Beispiel Miete/Tilgung für Haus/Wohnung, Autokosten (falls kein Geschäftswagen vorhanden ist) und sonstige Lebenshaltungskosten.

4. Konto „Spaß"

5 % bis 20 % Deines Einkommens werden automatisch auf das Spaßkonto überwiesen (auch hier wieder Dauerauftrag vom Gehalt einrichten!). Die Guthaben auf diesem Konto dienen für alle möglichen „Spaßausgaben", also Urlaube, Sterne-Essen, Luxushotelaufenthalt, Designerfummel etc. Und dieses Geld gibst Du dann auch mit Freude aus!

5. Unterkonto „Privat sparen"

10 % bis 50 % Deines gesamten monatlichen Privateinkommens, und vom Gewinn einmal jährlich, zahlst Du auf dieses Konto per Dauerauftrag ein. Mittels fester Daueraufträge werden dann von diesem Konto die diversen Sparanlagen bezahlt, ob nun Riester, Rürup, betriebliche Altersvorsorge, Lebens-/Arbeitszeitkonto, Aktien/Fonds, Lebensversicherungen, betriebliche Altersvorsorge etc.

Achtung! Top-Tipp:
Bitte alle Beträge, egal ob Gehaltszahlung, Einzahlung aufs Spaßkonto oder Sparanlagen, immer per festen Dauerauftrag einrichten. Auf diese Weise wird es nicht vergessen und das Geld wird nicht für andere Dinge ausgegeben, sondern es wird einfach zu einem bestimmten Tag im Monat automatisiert überwiesen!

Wenn Du die in dieser Lektion enthaltenen Systeme, Strategien und Tipps umsetzt, wirst auch Du mehr und mehr zu Reichtum und Wohlstand kommen – versprochen!!!

Nicht derjenige gewinnt, der das meiste weiß, sondern derjenige, der das richtige weiß!

Hohes Einkommen oder reich sein?

Hohes Einkommen oder Reichtum?

In dieser Lehreinheit beschäftigen wir uns mit drei Möglichkeiten, wie Menschen mit Einkommen und ihrem Wohlstand umgehen:

1. Geringes Einkommen – und Reichtum!
2. Hohes Einkommen – und Armut!
3. Hohes Einkommen – und Reichtum!

Zu 1: Geringes Einkommen und Reichtum

1 % der reichsten Menschen gehören über 50 % des gesamten Vermögens.
Das ist übrigens unabhängig von vererbtem Vermögen, denn mehr als die Hälfte der Reichen hat nicht geerbt, sondern sich alles auf irgendeine Art und Weise erarbeitet.

Ist Dir eigentlich Folgendes bewusst: Wenn ein Mensch mit 15 Jahren eine Lehre beginnt und bis zu seinem 67. Lebensjahr (Renteneinstieg) täglich 2 € mit einer guten Rendite anlegt, dass dieser Mensch dann als Millionär in Rente geht? Wenn der gleiche Mensch, im gleichen Zeitraum, 5 € täglich anlegt, kann er sogar als Multimillionär in Rente gehen. Du siehst an diesem Beispiel, dass es nicht darauf ankommt, viel zu verdienen, um reich zu sein. Denn hohes Einkommen bedeutet noch kein hohes Vermögen.

Ich hatte 1990 einen Unternehmensberater in meiner damaligen „Inline-Unternehmensberatung" ausgebildet, der innerhalb weniger Monate zwischen 10.000 und 30.000 DM monatlich verdiente. Über

22 Jahre verdiente er praktisch immer fünfstellig, war aber schließlich persönlich insolvent, hatte nie Rücklagen, niemals Vermögen, lebte immer in Schulden. Dieser ehemalige Mitarbeiter hatte also ein hohes Einkommen – aber nicht die Fähigkeit, Reichtum zu bilden.

Warum gibt es Menschen, die ein Vermögen im Alter haben, obwohl sie zeitlebens gar nicht so viel verdient haben? Es ist möglich, mit monatlichen Beträgen über einen langen Zeitraum ein hohes Vermögen zu bilden – wenn man richtig investiert und das Geld für sich arbeiten lässt.

Um ein hohes Einkommen zu generieren, benötigt man ein hohes Selbstbewusstsein und Selbstwertgefühl. Um ein hohes Vermögen zu generieren, benötigt man ein hohes Reichtumsbewusstsein.

Zu 2: Hohes Einkommen und geringer Reichtum

Diese Kategorie von Menschen besitzt also ein starkes Selbstbewusstsein. Sie haben oft ein selbstsicheres und gutes Auftreten, eine positive Körpersprache, können gut reden, kleiden sich oft sehr gut (und teuer!), fahren ein hochwertiges Auto. Und weil sie selbstbewusst sind und auch so auftreten, können sie gut verkaufen, Menschen für sich einnehmen – und haben durch diese Fähigkeit auch die Chance, hohes Einkommen zu generieren. Oft ist diese Kategorie von Menschen selbstständig und unternehmerisch tätig. Doch wenn sie falsche Glaubenssätze zum Thema „Geld und Reichtum" besitzen, zerrinnt ihnen das Geld, das hereinkommt, buchstäblich zwischen den Fingern.

Das Geld strömt wie ein Wasserschwall im Überfluss auf die geöffneten Hände – aber sie können es nicht festhalten, es fließt hindurch und versickert.

Wenn solche Menschen den Ursachen ihres mangelhaften Reichtums-
bewusstseins nicht auf den Grund gehen, also in ihrem „Gehirnbetriebs-
system" ihre Glaubenssätze nicht drastisch verändern, werden sie noch so
viel verdienen können – im Alter werden sie in Armut leben!

Zu 3: Hohes Einkommen und hoher Reichtum

Auch diese Menschen haben ein hohes Selbstbewusstsein entwickelt,
sich in der Regel auch Ziele gesetzt – und sie wissen, wie sie dieses Ziel
(auch bei einem Rückschlag) erreichen.

Das sorgt dafür, dass diese Menschen ihr Erfolgsbewusstsein immer mehr
ausbauen – mit dem Ergebnis, dass sie noch mehr Erfolg anziehen. Und
in der Regel gehen diese Menschen auch einer Tätigkeit nach, die sie lieben. Und wenn sie gleichzeitig höchstes Einkommen erzielen, ist es auch
ihre Berufung, ihr Talent, ihre Aufgabe, ihr Lebenssinn! Aber, und das ist
ganz entscheidend: Diese Menschen haben auch ein hohes Reichtumsbewusstsein, was bedeutet:

- Sie lieben Geld!

- Sie wissen, dass sie es wert sind, hohes Einkommen zu generieren!

- Sie wissen, dass das Universum nur aus Überfluss und Fülle besteht!

- Sie glauben, dass sie es verdienen, immer mehr zu haben!

- Sie gehen davon aus, dass ihr persönlicher Reichtum auch gleichzeitig anderen Menschen Nutzen bringt!

Sie akzeptieren es nicht nur, sie stehen voll hinter dem System, dass Geld
für sie arbeitet, das heißt, dass sie Geld verdienen, ohne etwas dafür zu

tun! Reichtum kommt nicht von ungefähr, Reichtum bildet sich ganz einfach durch:

- Hohes Selbstbewusstsein (bringt hohes Einkommen)!

- Reichtumsbewusstsein (es steht mir zu, ich verdiene es, ich bin es wert)!

- Weniger Ausgaben als Einnahmen (also eine Sparquote festlegen und einhalten)!

- Ein klares finanzielles Ziel und darauf aufbauend eine Strategie, einen Plan!

- Geld sinnvoll investieren und arbeiten lassen!

- Das Geld genießen!

Zusammenfassung

Herzlichen Glückwunsch, Du hast dieses Buch bis zum letzten Kapitel durchgearbeitet. Damit unterscheidest Du Dich schon von den erfolglosen Labersäcken, die das Buch gekauft, es aber nicht mal geschafft haben, bis zum Ende durchzuhalten.

Du hast nun viel gelernt und fragst Dich vielleicht: Wie verhalte ich mich jetzt systematisch? Deshalb möchte ich in dieser Einheit ganz kurz und komprimiert zusammenfassen, wie Du am besten vorgehst:

Die 9 Schritte zum Reichtum

1. Schritt: Lege Deine Sparquote fest!

Um reich zu werden, musst Du keine bestimmte Summe sparen und investieren, sondern einen bestimmten Prozentsatz Deines Einkommens.

Schon in sehr alten Büchern, in denen über Reichtum geschrieben wurde, findet man als Minimum den Wert von 10 %. Spare also mindestens 10 % Deines Einkommens!

Fortgeschrittene Reichtums-Schüler legen den Prozentsatz ihres Einkommens, den sie sparen und investieren, sogar noch etwas höher fest. In der Regel 20 %.

Ganz wichtig ist jetzt, dass Du von jeder weiteren Einkommenserhöhung, die Du in den nächsten Jahren und Jahrzehnten erzielen wirst, immer genau die Hälfte, also 50 %, zusätzlich sparst.

Nehmen wir an, Du verdienst jetzt 2.000 € und hast Dich für 10 % Sparquote entschieden. Dann sparst Du jeden Monat 200 €.

In zwei Jahren wirst Du befördert und verdienst dann 2.500 €. Von diesen 500 € „Mehr-Einkommen" sparst und investierst Du die Hälfte, also 50 %. Das entspricht zusätzlichen 250 €. Zusammen mit den 200 €, die Du bereits sparst, investierst Du jetzt jeden Monat insgesamt 450 € in Deine finanzielle Freiheit.

Diese 450 € sind jetzt nicht mehr 10 % von Deinem Einkommen, sondern sogar 18 %.

Mal angenommen, Du wirst weitere drei Jahre später nochmals befördert und verdienst 3.000 €. Von diesen zusätzlichen 500 € Einkommen legst Du wiederum die Hälfte beiseite und investierst sie in Deine Zukunft. Insgesamt sparst und investierst Du jetzt bereits 700 € pro Monat. Das entspricht bereits einer Sparquote von 23,33 %.

Wenn Du das auf Dauer durchhältst, wird sich Deine Sparquote immer mehr erhöhen – und Du kommst immer schneller und immer leichter zu Reichtum.

Ich verrate Dir jetzt ein kleines Geheimnis: Ich selber spare seit vielen Jahren immer mehr als 50 % meines Einkommens. Da ich mein Einkommen jedoch gleichzeitig immer mehr steigere, habe ich nicht weniger Geld zum Ausgeben, sondern immer mehr.

2. Schritt: Führe das 5-Konten-Modell ein.

Wenn Du selbstständig bist, benötigst Du unbedingt ein 5-Konten-Modell!

Leider verstehen nur die allerwenigsten Menschen, wie wichtig es ist, sein Einkommen in verschiedene Pötte aufzuteilen. Die meisten Menschen haben ein einziges Konto oder als Selbstständiger zwei – ein Girokonto für das Geschäft und ein Girokonto privat. Von diesen Konten werden dann alle Ausgaben getätigt. Ist noch etwas übrig, versucht man zu sparen. Leider ist meistens nichts übrig ...

Als mein Sohn Alexander 20 Jahre alt war, studierte er Malerei an der staatlichen Hochschule in Nürnberg. Gleichzeitig generierte er in diesem Jahr durch den Verkauf seiner Bilder bereits einen Umsatz von über 100.000 € pro Jahr.

Ich empfahl ihm in einem Gespräch, das wir in einem Urlaub auf Mauritius führten, dass er ein Mehrkontenmodell einführen soll.

Ich erklärte ihm, dass er von seinem Firmenkonto zunächst einen Dauerauftrag einrichten soll, mit dem er eine feste monatliche Summe auf sein Privat-Girokonto überweist. Das ist quasi sein Lohn, den er sich selber als Mitarbeiter zahlt.

Ich erklärte ihm, dass er bei seinem Geschäfts-Girokonto ein Unterkonto für Steuern einrichten soll. Und dorthin soll er per Dauerauftrag jeden Monat die Summe überweisen, die der Steuerberater ihm ausrechnet, um seine Steuerlast tragen zu können – das Ganze ein bisschen nach oben gerundet, sodass auf dem Steuerkonto immer ein kleines Plus entsteht. Auch das machen die allerwenigsten Selbstständigen. Irgendwann reichen sie dann ihre Jahresabschlüsse ein und müssen oft eine große Nachzahlung entrichten, mit Geld, das sie nirgends zurückgelegt haben. Pech gehabt ...

Dann erklärte ich ihm, dass er von seinem Firmenkonto auch einen bestimmten Prozentsatz spenden soll. Er soll vielleicht mit 2 % oder 3 % seines Einkommens starten und im Laufe der Zeit dann auf 10 % hochgehen. Wie gesagt, ich spreche von Einkommen und nicht vom Firmenumsatz. Damit er diese Spenden steuerlich geltend machen kann und sie nicht bei der Einkommenssteuererklärung vergessen werden, riet ich ihm aber, die Spenden direkt vom Firmenkonto per Dauerauftrag einzurichten.

Ein weiteres Konto, das ich ihm empfahl, war ein Luxuskonto. Dabei handelt es sich um ein Unterkonto des Privatkontos. Man legt einen bestimmten Prozentsatz seines Einkommens fest, den man wiederum per Dauerauftrag von seinem Privat-Girokonto auf dieses Luxuskonto überweist. Und von diesem Konto gönnt man sich dann ab und zu etwas Außergewöhnliches, das man sich sonst nicht leisten würde und nicht leisten könnte. Auf diese Weise wird das Unterbewusstsein mit Luxus gefüllt und Mittel und Wege finden, mehr von diesem Luxus zu bekommen, indem es unbewusst dafür sorgt, dass Du mehr verdienst.

Hört sich vielleicht ein bisschen merkwürdig an, aber habe einfach Vertrauen in mein System und führe es durch.

Alles, was auf diesem Luxuskonto landet, muss dann auch für Luxus ausgegeben werden. Man „muss" quasi ab und zu im Luxus schwelgen. Mal ein Sterne-Essen mit seinem Partner, mal ein Luxus-Wellness-Wochenende in einem 5-Sterne-Hotel, mal das Traumauto für ein Wochenende leihen und so weiter.

3. Schritt: Senke Deine Kosten.

Es ist nicht wichtig, was Du verdienst – es ist wichtig, was von Deinem Verdienst übrigbleibt.

Neben Deinen Einnahmen hast Du natürlich auch Ausgaben. Je niedriger diese Ausgaben liegen, desto größer ist der Betrag, der übrigbleibt – und den Du mit Renditen investieren kannst. Beim Brunnen-Modell geht es darum, dass Du erst mal die oberste Brunnenschale füllst. Das ist Deine finanzielle Sicherheit!

Das ist eine Summe, von der Du 6 bis 12 Monate leben kannst, ohne dass Du einen Euro Einkommen erzielst. Diese finanzielle Sicherheit gibt Dir Ruhe, falls im finanziellen Bereich eine Krise ausbrechen sollte. Sie lässt Dir ausreichend Spielraum, in Ruhe zu überlegen – und nicht in Panik Schnellschüsse aus der Hüfte abzufeuern, die Dich noch tiefer ins Loch hineinsinken lassen.

Ist diese Schale der finanziellen Sicherheit gefüllt, kann das Wasser, das Geld in die zweite Schale überlaufen. Das ist die finanzielle Unabhängigkeit, also die Summe, von der Du leben kannst. Nicht in Luxus, aber überleben.

Gehen wir von einer Summe von 2.000 € pro Monat aus. Diese multiplizierst Du jetzt mit 200. Das ergibt eine Gesamtsumme von 400.000 €.

Diese Summe, gut angelegt, versetzt Dich in die Lage, ausschließlich von den Renditen des Kapitalstocks überleben zu können – ohne auch nur eine weitere Stunde arbeiten zu müssen. Nicht schlecht, oder? Schon mit 400.000 Euro bist Du in der Lage, so zu leben.

Wenn diese Schale mit dem Kapitalstock gefüllt ist, gilt es, Dein drittes Ziel in Angriff zu nehmen und die dritte Brunnenschale zu füllen: Deine finanzielle Freiheit!

Das ist die monatliche Summe, die Du benötigst, um ein wunderschönes Leben führen zu können. Ein wunderschönes Leben bis ans Ende Deiner Tage! Und das Ganze, ohne eine weitere Stunde arbeiten oder einen einzigen Euro von Deinem Kapitalstock angreifen zu müssen. Du lebst dieses wunderbare Leben ausschließlich von den Renditen, die Dein Kapitalstock erzielt.

Faustformel:
Die monatliche gewünschte Summe wird mit 200 multipliziert. Sagen wir 10.000 € pro Monat mal 200 = 2 Millionen Euro.

Das Brunnen-Modell ist ideal, um drei ganz klare finanzielle Ziele zu formulieren und sie in Angriff zu nehmen.

4. Schritt: Erhöhe Dein Einkommen!

Es geht darum, dass Du Dein Einkommen in den nächsten zwei bis drei Jahren um 200 % bis 300 % steigerst! Jetzt wirst Du vermutlich sofort Gründe finden, warum das auf keinen Fall möglich sein wird. Doch willst Du wie die Verlierer denken: „Ob es möglich ist?" Stelle Dir lieber die Frage der Gewinner: „Wie ist das möglich?"

5. Schritt: Finde einen seriösen und kompetenten Finanzberater.

Ein seriöser Finanzberater wird unter gar keinen Umständen sofort beim ersten Termin Produkte verkaufen wollen, sondern (ganz im Gegenteil) jeden Produktverkauf ablehnen. Ein guter Finanzberater ist wie ein Arzt:

1. Zuerst kommt die Untersuchung = Analyse:

Bestandsaufnahme aller Daten und Fakten in Bezug auf Deine finanzielle Situation.

2. Diagnose = Erstellung eines Finanzplanes:

Aufgrund der Daten und der darauffolgenden Auswertung wird ein guter Finanzberater gemeinsam mit Dir einen langfristigen Plan zum Vermögensaufbau entwickeln und Dir genau erklären können, was, wie, warum und so weiter.

3. Therapie = Begleitende Unterstützung:

Er wird über Jahre hinweg an Deiner Seite sein, immer wieder überprüfen, ob der Erst-Plan, die eingeschlagene Strategie, noch richtig ist und Erfolge bringt. Er wird gegebenenfalls revidieren, neue Entscheidungen treffen und das alles mit Dir besprechen!

4. Stelle Deinem Finanzberater folgende Fragen:

- Wie lange sind Sie schon im Geschäft tätig?

- Welche Ausbildungen haben Sie erhalten?

- Wie viele Kunden betreuen Sie?

- Was ist Ihre Philosophie, Ihre Anlagestrategie?

- Wie erfolgreich sind Sie als Finanzberater?

- Wie vermögend sind Sie selbst?

- Sind Sie auf bestimmte Kapitalanlagen spezialisiert und wenn ja, auf welche?

- Kann ich mit mehreren Ihrer Kunden reden, also können Sie mir Referenzen nennen?

- Welchen Service kann ich von Ihnen erwarten?

- Wie oft reden Sie mit mir bei einer Zusammenarbeit?

- Wie werden Sie bezahlt?

- Welche Provision erhalten Sie bei welchen Produkten?

- Bekommen Sie Festhonorare?

- Bekommen Sie eine Erfolgsprovision?

- Gibt es sonst noch etwas, was ich über Sie wissen sollte?

- Warum sollte ich ausgerechnet mit Ihnen zusammenarbeiten?

- Wie gehen Sie genau vor, wenn ich mit Ihnen zusammenarbeite (machen Sie eine Analyse, einen Maßnahmenplan)?

- Werde ich gefragt, was ich wirklich will?

Auch wenn Dein Berater analytisch vorgeht, also eine Analyse erstellt und dann erst seine Empfehlungen abgibt, achte darauf, ob er folgende Faktoren berücksichtigt:

- Fragt er Dich, was Du im Alter gerne für ein monatliches Auskommen haben möchtest?

- Erläutert er mit Dir im Detail, welche Ausgaben im Alter, im Vergleich zu heute, vielleicht entfallen oder niedriger sind, welche Ausgaben im Alter noch hinzukommen oder höher sind (z. B. heute zwei Autos, im Alter nur noch ein Auto, Kinder aus dem Haus, höhere Kosten für Gesundheit, höhere Kosten für Urlaube, Ausgehen, Leben genießen und so weiter)?

- Berücksichtigt er alle vorhandenen Vermögenswerte und kann er eine Summe nennen, die Du zusätzlich im Alter von z. B. 65 Jahren durch private Vorsorge benötigen wirst, um den Kapitalstock zu haben und Deinen gewünschten/erforderlichen Finanzbedarf decken zu können?

- Berücksichtigt er Inflation?

6. Schritt: Erstelle eine Vermögensübersicht.

Ich führe diese Tätigkeit übrigens einmal jährlich am Anfang des Jahres durch. Warum mache ich das? Aus zwei Gründen:

1. Ich habe einen Überblick darüber, wie hoch mein Vermögensstand derzeit ist.

2. Ich kann aufgrund dieses Ergebnisses vergleichen, wie sich mein Vermögensstand im Vergleich zum Vorjahr entwickelt hat.

Besonders der zweite Punkt ist äußerst beglückend und macht unglaublich viel Spaß.

Es macht Freude zu sehen, wie Dein Vermögen um x-tausend, oder wenn Du mal wirklich reich sein solltest, um eine Millionensumme gewachsen ist. Und zwar ohne, dass Du Dich einschränken musstest, sondern gleichzeitig ein herrliches Leben geführt hast.

7. Schritt: Führe Deine tägliche Reichtums-Autosuggestion durch:

Ich lebe stets in Überfluss und Fülle!

Natürlich kannst Du auch einen anderen zentralen Satz nehmen, den Du Dir als Autosuggestion immer und immer wieder sagst. Hier ein paar Beispiele:

- Ich ziehe Geld an wie ein Magnet!
- Ich führe ein Leben in Reichtum!
- Ich bin eine Money-Making-Machine!

Letztendlich spielt es keine Rolle, für welchen Autosuggestionssatz Du Dich entscheidest. Aber Du solltest ihn Dir immer und immer wieder suggerieren – in Gedanken, in Worten. Mit jeder einzelnen Suggestion brennt er sich etwas tiefer in Dein Unterbewusstsein ein und wird Dein Reichtumsprogramm vergrößern. Und dann gilt das uralte Gesetz:

Wie im Innern so im Außen!

Was in Deinem Inneren, in Deiner Gedankenwelt als Glaubenssatz manifestiert ist, wird sich auch automatisch in Deiner Außenwelt manifestieren.

8. Schritt: K.L.U.W.

Das bedeutet „Konstant Lernen Und Wachsen!"

Du solltest nach dem Studium dieses Buches nicht aufhören, weiter zu lernen. Alle erfolgreichen Menschen lesen Weiterbildungsbücher, hören

Weiterbildungsprogramme und schauen sich Weiterbildungsvideos an.

Darüber hinaus besuchen sie regelmäßig Seminare und andere Fortbildungsveranstaltungen.

Ich persönlich habe in meinem Leben über eine Millionen Euro in meine Weiterbildung investiert. Und weißt Du was? Jeder einzelne Euro hat sich zigfach amortisiert. Ich halte es da mit einem der Mitbegründer der USA und Unterzeichner der amerikanischen Unabhängigkeitserklärung, Benjamin Franklin, der sagte:

„Jede Investition, die ich in Wissen tätigte, brachte noch immer die beste Rendite!"

Der letzte Schritt

Der 9. und letzte Schritt heißt:

Besuche so schnell wie möglich mein 2-Tage-Intensiv-Seminar **Power-Days!**
Zusammen mit meinen Kollegen werde ich Dich dort zwei Tage durch ein energiegeladenes Seminarprogramm führen, das Du niemals vergessen wirst.

Ich werde Dir dabei helfen, Deine Ziele leichter und schneller zu erreichen.
Bisher haben über eine Million Menschen an den Power-Days teilgenommen – und sie sind begeistert! Dieses 2-Tage-Seminar hat einen Wert von mehreren tausend Euro.

Du bist als Leser dieses Buches zum extrem günstigen Sonderpreis eingeladen!

Nutze bei Deiner Buchung einfach den Code:

HANDELN

**Und Du bekommst Dein Ticket für die Power-Days
zum absoluten Sonderpreis!**

Melde Dich jetzt sofort unter www.power-days.info an und suche Dir Deinen Wunschtermin für ein Seminar aus, das garantiert Dein Leben verändern wird!

Ich freue mich darauf, Dich bald auf den Power-Days zu treffen!

Bis dahin wünsche ich Dir viel Erfolg und alles Gute!

Dein Jürgen Höller